マクモニーグルが語る

リモート・ヴューイングの世界
Remote Viewing

刊行に寄せて　◎――スキップ・アットウォーター（モンロー研究所プレジデント）

この本の著者、ミッツィ植田は、私が認めるリモート・ヴューイングのオーソリティです。リモート・ヴューイングとは、時空間を超えた場所から、私たちが認識する狭い範囲の外側にある情報を、知覚し認識するための、明白なる知覚能力ですが、このテーマについて書くのにふさわしい人物は、ミッツィ植田をおいて他にはいないでしょう。

彼女は、このテーマに真剣に取り組み、スターゲイト計画のリモート・ヴューワーや、その作戦やトレーニングに関わった将校のセミナーを受けてきました。リモート・ヴューイングを理解したい、自分でもやってみたいと思う人は、必ず、この特殊な知覚能力を習得するために経験を積んできた、ミッツィの著書を読むべきです。

いったん手にしたら、読み終わるまで、けっして本を手放すことのないように。

さて、およそ三〇年前、私がジョー・マクモニーグルと初めて会ったとき、彼はヴァージニア州アーリントンにある、米軍の情報保安司令局の情報担当官として働いていました。そのとき私は、のちにスターゲイト計画として知られるようになるリモート・ヴューイング・プロジェクトのメンバーをリクルートするためのインタビューを行っていました。ジョーにインタビューしたとき、彼のリモート・ヴューイングの才能は、まだ目覚めていませんでした。

私は彼を、働き者で、前もってものごとをよく考えるタイプの仕事熱心な士官であり、同僚や上司からの信頼の篤い人物だとみていました。彼はいつも、ものごとを首尾よく進め、きちんとやってのける（責任感の強い）人間でもありました。また、それだけでなく、人生に対してユニークな見方をしていました。彼は私に、何年か前に臨死体験をし、その体験が彼のものの見方を変えたと言いました。

彼は軍の任務に就いた最初の頃、無線傍受の技術者をしていました。彼は、敵の無線放送を通じてその場所を探知する、特殊な技能をもったスペシャリストで、この仕事をするにあたり、彼は頭のなかを抜けだし、敵の様子を心に描き、その位置を突きとめるということを、電子機器の助けを借りて行っていました。

これは、少しリモート・ヴューイングに似ており、とても興味深い話でした。同時に、ジョーは優れた才能のあるアーティストでもあり、とても詳細なスケッチを描くことができます。彼は、理想的な候補者と思われたため、私は彼に計画に参加してくれるように頼みました。

あれから三〇年の歳月のあいだに、軍の諜報部隊による数千ものリモート・ヴューイングの調査、そして数万もの特別にコントロールされたリモート・ヴューイングの実験、さらには、数多くのテレビ番組でのデモンストレーションを経て、ジョーは、世界でも有数のリモート・ヴューワーとして知られるようになりました。私は、この三〇年間、リモート・ヴューイングに関わる彼の特異な人生と彼を知る機会に恵まれたことを、心底誇りに思います。

もしそのことについて、本当に知る必要があるならば、ほかのどんな手段でもなく、ジョーに聞くことです。

本書の読者は、この類まれなる人物について学ぶことでしょう。しかし、おそらく私たちは、ジョー・マクモニーグルを、私たちとは別世界の人間と考えず、誰にでも可能なことの少し突出した例として考えるべきでしょう。私たちは、みないくらかはリモート・ヴューイングができます。ジョーはこの分野の、現代におけるスタンダードを築きました。彼はそれを、武道のようなものだと言っています。

一つのアートのかたちとして、リモート・ヴューイングは、生得的な才能を必要とするように思われます。

しかし、私たちが才能と呼ぶものとは、本当のところ、いったいなんでしょうか?

あなたはこの才能をもっていますか、あるいは私は?

私たちは、私たちができるすべての可能性にかけてみるべきでしょう。私たちの信念を制限し、狭めているものの向こうにある何かに気づき、それに到達するために。

おそらくジョーは、自分がリモート・ヴューイングできるということを「知っている」のです。誰かに言われて「信じる」という状態ではなく、疑うことなく「知っている」という状態で実行しているのです。
信じていると知っているとでは大きな違いがあります。ここに重大な意味があります。
あなたは何を信じますか？　あなたは何を知っていますか？

二〇〇七年三月　アメリカ・ヴァージニア州フェイバーにて

スキップ・アットウォーター

目次

はじめに

第1章

潜在能力を引き出す科学

第2章 未知の超常体験で目覚める

第3章 リモート・ヴューイングの扉を開く

第4章　宇宙のマトリックスにアクセス

第5章 リモート・ヴューイングで守るべきルール

はじめに ●――ジョーのリモート・ヴューイングの原点は「日本の心」にあった

『FBI超能力捜査官』ジョー・マクモニーグルの正体は？

「リモート・ヴューイングの歴史は、ジョー・マクモニーグル抜きでは語れない」と言っても、誰も異論を唱える人はいないでしょう。

ジョーの本が翻訳出版されると、すぐに売り切れて書店からなくなってしまいますし、彼が出演する日本テレビの特別番組『ＦＢＩ超能力捜査官』はいつも高視聴率です。

でも、なぜか日本では彼の名前が間違って伝えられています。

英語圏で「ジョー・マクモニーグル」と言っても誰のことかわかってもらえません。英語では、二つめの「マ」にアクセントをつけて、マクマナゴーと発音します。

日本びいきのジョーと、成田空港か、ジョーのお気に入りの京都、それともどこか日本の観光地でばったり会わないとも限りませんから、そのときのために正しい発音を覚えておいても損はないでしょう。「ジョー・マクマナゴー」と大きな声で呼べば、ジョーはきっとあなたのほうを振り向いて、にっこり笑ってくれるでしょう。時間さえ許せば、一緒の写真を撮らせてくれる可能性だってあります。ジョーは本当に心優しく温かい人なのです。

とはいえ、本書では便宜上これまでに定着したジョー・マクモニーグルを使うことにします。
それからもう一つ、ジョーはＦＢＩ捜査官だったことはありません。

ＦＢＩ（米国連邦捜査局）からの依頼で、捜査に協力することは何度もあったと思いますが、正確には一九六四年から一九八四年まで、米国陸軍に所属する軍人でした。米軍情報局が極秘裏に進めていた超能力による諜報プロジェクトの、最初のリモート・ヴューワー＊だったのです。

このプロジェクトのなかで、彼は「００１号」と呼ばれていました。軍の依頼を受けていたＳＲＩ（スタンフォード大学付属研究所）やＳＲＩインターナショナルの科学者たちによる研究報告に「技術者（エンジニア）」とか、「００１号」として登場するリモート・ヴューワーは、ジョーのことなのです。

この超能力による諜報プロジェクトは、一九七〇年代から始まり、スキャネイト、ゴンドラウィッシュ、グリルフレーム、サンストリークなどと、何度もコードネームが変わりました。管轄する組織や資金源も、ＣＩＡ（中央情報局）、空軍、陸軍と変わっていき、最終的には、国防情報局（ＤＩＡ）の管轄のもと「スターゲイト」という名前に落ち着きました。

ジョーは、二〇年間の軍人生活の最後の七年間を、このプロジェクトに捧げました。そして、退役してからもＳＲＩや、プロジェクトの関連企業であるＳＡＩＣ（Science Applications International Corporation）の共同研究者として、またコンサルタントとして、プロジェクトに多大な貢献をしました。

＊リモート・ヴューワー＝リモート・ヴューイングを行う人

一九八〇年代も後半になり、冷戦が終焉期に向かうとともに、超能力プロジェクトも様変わりしていきます。冷戦終結への歩みと歩調を合わせるように、発足当初からプロジェクトに関わっていた研究者たちが次々と退いていったためです。

一九九〇年代になると、ジョーも、軍以外の分野に活動の範囲を広げていくようになります。ジョーが、一九九三年に最初の著書[註1]を出版すると、それを読んだ一般の人たちが、ジョーにさまざまなリモート・ヴューイングの依頼をするようになったのです。

それまでは、軍やCIAなど、アメリカ政府がおもなジョーの依頼主でしたが、一九九三年頃からは、国内外のマスメディアや民間の人々がジョーの依頼主となりました。

ジョーはこれまでに、一二〇回以上もアメリカ大手テレビ局の番組に出演しています。

ジョーのもとには、世界中からたくさんのテレビ局や番組制作者からオファーがあるそうですが、うまくいくかどうかは、番組制作者がリモート・ヴューイングに必要な条件をきちんと理解しているかどうかにかかっているとのことです。ジョーは日本テレビの『FBI超能力捜査官』について、次のように語っています（以下ジョーの話の部分は**太文字**であらわします）。

日本テレビの『FBI超能力捜査官』の内容には偽りがなく、とてもうまくいっている。その理由は、仲介者を通じて、番組制作者たちに、必ず守らなければならない一定の条件

註1　Joe McMoneagle, Mind Trek: Exploring Consciousness, Time, and Space Through Remote Viewing, Hampton Roads Pub. Co. Inc.『マインドトレック』（杉本広道訳、中央アート出版社刊）

（certain conditions）を伝えることができたことにある。それは、ダブル・ブラインド（二重に盲目状態）ということだ。

リモート・ヴューイングを成功させるためには、リモート・ヴューワーである私はもちろん、依頼を受け取る私の妻も、ターゲット（標的、捜索の対象）に関する情報を一切もたない状態でなければならない。その条件を知らない人が、最初にターゲットに関する情報を私たちのどちらかにもらしてしまうと、リモート・ヴューイングはうまくいかない。だから、そういった依頼は断らなければならなくなってしまう。

同番組の関係者たちは、それを理解し、尊重してくれている。彼らはまっすぐで正直で、私はそういった人たちと仕事ができることを大変幸運に思っている。

軍の仕事を退《しりぞ》いてからのジョーの肩書きは「コンサルタント」、あるいは「超能力探偵（Psychic Detective）」ということになりますが、日本のテレビ番組のタイトルのせいで、FBI捜査官と勘違いされても、ジョーはまったく気にしていません。ジョーの器の大きさを感じます。

ジョーにとって大切なことは、自分の身分や肩書きや名前ではなく、真実を伝えることにあるのでしょう。もっとも、ジョーのワイフのナンシーは、二人のホームページ[註2]のなかで「FBI超能力捜査官（FBI Psychic Investigators）」を「大ざっぱに訳されている（loosely translated）」と言っていますけれども……。

大手術からの奇跡の回復はリモート・ヴューイングの賜《たまもの》だった

本書の企画は、リモート・ヴューイングについて、できるだけわかりやすく、かつ正しく伝えることを目的として始まりました。ジョーの名前や肩書きが誤って伝えられていることからもわかるように、リモート・ヴューイングに関する情報は、正しく伝えられているとは言いがたいようです。

ジョー・マクモニーグルとワイフのナンシー（スクーター）。

たとえば、ロトやナンバーズなどに利用すれば儲かるとか、簡単に恋人が見つかるといった安易な紹介の仕方が見受けられますが、これらはリモート・ヴューイングの本質とは違います。私はかねてより、リモート・ヴューイングに関する正しい知識を伝えたいと思っていました。

それには、第一人者であるジョーに語ってもらうのが一番だと考え、私はジョーに単独インタビューを申し込みました。

このインタビューの内容は、私のホーム

註2　Joseph and Nancy (Joe and Scooter) McMoneagle　http://www.mceagle.com/remote-viewing/japan2.html

ページ[註3]でも紹介しています。ジョーはインタビューの申し出を快く引き受けてくれ、二〇〇六年四月、私はジョーの住むアメリカ・ヴァージニア州へと向かいました。ジョーは、私のホームページの読者から寄せられた数々の質問にも、一つひとつ丁寧に答えてくれました。

しかし、そのときのジョーの健康状態は最悪で、いつその場に倒れてもおかしくありませんでした。実は約二カ月後の六月の中旬、ジョーは大手術を受けることになっていたのです。

ベトナム戦争で受けた負傷が原因で、背骨の一部の骨が砕けたままになっており、そのせいでジョーは、背中に走る激痛に耐えなければなりませんでした。それでもジョーは、痛み止めのモルヒネの使用量を最小限に抑えていました。

それができたのは、彼が、痛みを制御する方法を知っているからです。リモート・ヴューイングに必要なメンタル・パワーのトレーニングは、痛みのコントロールにも応用できるのです。

医師たちは、同じ症状の患者の場合「絶対安静で入院している」と言っていたそうです。

しかし、テレビに出演したり、モンロー研究所のプログラムのゲストとして、参加者の前で話すときは、そんな痛みを抱えているとは信じられないほど「パリッ！」としていました。

ところが自宅では、つえを使って、そろりそろりとやっと歩ける状態だったのです。

手術は「スーパーマン」のクリストファー・リーヴを執刀した、有能な医師をリーダーにした、二つのチームによって行われました。その手術は、二工程に分かれていました。

まず開腹して背骨が手術できるように、内臓を横に動かしたり、取り出したりします。そのとき、血液の温度をうんと下げておくそうです。そして、背骨のなかで砕けて散らばっている骨の破片を、一つひとつ取り除きます。

次に体を回転させて、今度は背中側から三〇センチのワイヤーを二本背骨にそって入れます。そして、死体から取り出した骨を埋め込み固定します。

二回の手術は、合計で一〇時間もかかり、入院に二〜三週間、その後はリハビリに三カ月、完全復帰までには一年かかると言われていました。

ジョーが一回目の手術を受けた六月一四日の前後一週間、私はちょうどジョーの自宅近くのモンロー研究所に居合わせていました。一回目の手術が成功したとの知らせを受け、コントロール・ルームで仕事をしていたモンロー研究所のトレーナーたちと私は、ほっと胸をなで下ろすとともに、驚愕の事実を聞かされます。

なんと、ジョーは麻酔から醒めると、ジョークを言って見守る人々を笑わせたというのです。

さらに、最初は脚が思うように動かせなかったのですが、四〇分ほどベッドに起き上がったあと、両足を何回も動かしてみせたそうです。

私たちがこのニュースに、歓喜したのはいうまでもありません。

二回目の手術では、背中からチタン製のボルトとロッドが、背骨に沿って埋め込まれました。医師団が「これ以上の成功はない」と言うほど、手術はうまくいきました。

それから約一週間後、私は再びジョーに驚かされます。手術の翌日、ジョーが起き上がって、

註3　ユートピアン・インターナショナル・コミュニケーションズ　http://www.utopian.jp

部屋を歩いたという喜びのメールが、ジョーのワイフで私の友人、ナンシーから届きました。

ジョーの驚異の精神力に、驚きと感動を覚えるとともに、大変な健康状態のなか、たくさんの質問に誠意をもって答えてくれたジョーに、感謝の気持ちで一杯です。

すべては「日本の心」から始まった

インタビューのなかで、ジョーから日本の読者に向けたメッセージをいただきました。

私は米陸軍時代、極東に派遣され、その間に京都の禅寺を訪れたことがある。そのときのすべての体験は忘れがたいものだった。

私はそこで、一杯のお茶を飲むことが神秘的な体験であることを学び、満開の桜に生涯忘れ得ないほどの感激を覚えた。さらに、お寺でのトイレ掃除は、ほかのどんな仕事（たとえば車のセールス）にも劣らない価値ある仕事だと知った。

アメリカの学校で学んだことよりも、日本で学んだことのほうがはるかに有益だったのだ。

またジョーは、リモート・ヴューイングを「道」であると言っていますが、それは禅寺での修行の体験がきっかけとなっているようです。

「道」とは、もの事の道理、生きる道そのものを指します。

ジョーは、単にテクニックを学ぶのではなく「道」として学ぶものであり、自身の生き方を問うことだということを言わんとしているのでしょう。

私がジョーへのインタビューを終えて帰国し、その内容を日本語に訳しているあいだに、書籍として出版する話が持ち上がりました。そして、編集者からの要望により、私が参加したリモート・ヴューイングのトレーニングの詳細や、CIAや米軍で行われていたサイキック・スパイ養成トレーニング「スターゲイト計画」についての解説が加えられることになりました。

ジョーのワイフのナンシーとともに。

さらに、私がリモート・ヴューイングの世界に入っていくきっかけとなった出来事や幼少期の個人的な体験も紹介することになりました。そうすることによって、リモート・ヴューイングが単なる技術にとどまらず、人生観や哲学、生き方そのものに関わる問題であることを、より深く読者に感じとってもらえるのではないか、というのがその理由です。

この本を手にしてくださったみなさまと、ジョーの語るリモート・ヴューイング道を分かち合えることに心から感謝します。

ジョーの「ここだけの話」

①大金持ちしか車に乗れなくなる！

2015年には、いまから比べると車の数は40%に減少している。

ガソリンの値段が高騰し、保険の値段も上がるからだ。大金持ちしか車を所有できなくなり、一般の市民は、公共交通手段を利用することになる。

トヨタや日産などの自動車メーカーは、車を製造しなくなり「全自動」の家など、ハウジング関連製品をつくるようになる。いまある電気製品のように、キッチン、風呂場などの水まわりや電気、インターネットなど生活に必要な設備が、簡単にプラグを差し込むだけで利用できる「プラグ・イン・ハウス」タイプの家がつくられ、輸出される。

安価なうえに簡単に建てられるので、地震や洪水などの災害時の住宅供給にも、この家は役立つ。

輸出先は、政府が国民に近代的な住宅を供給することを、政策として約束している中国やインドなどだ。中国はそれが実現できない場合は、政府に不満を持っている国民の暴徒化を、抑えきれない危険性をはらんでいる。

②私はベジタリアン！　日本の豆腐が大好き

私は動物の肉は食べない。

一部の肉食をする人間のために、広大な土地が無駄に利用されている。また肉牛の飼料に、莫大な量の穀物が使用されているが、この穀物を世界中の飢餓者に供給することができれば、餓死者を救済できる。

半年前まで鶏肉は食べていたが、養鶏業者のひどい飼育の実態を、まのあたりに見てからは食べなくなった。

ひどい動物虐待にうんざりしている。動物を食べるのは、動物に対して愛情のないことだ。少なくとも私はそう信じている。

日本の豆腐、多種類の野菜、それから米を食べている。サラダ、くだもの、ジュースをたくさんとるようにしている。菜食主義者になってから、体調はとても良くなった。

第1章 潜在能力を引き出す科学

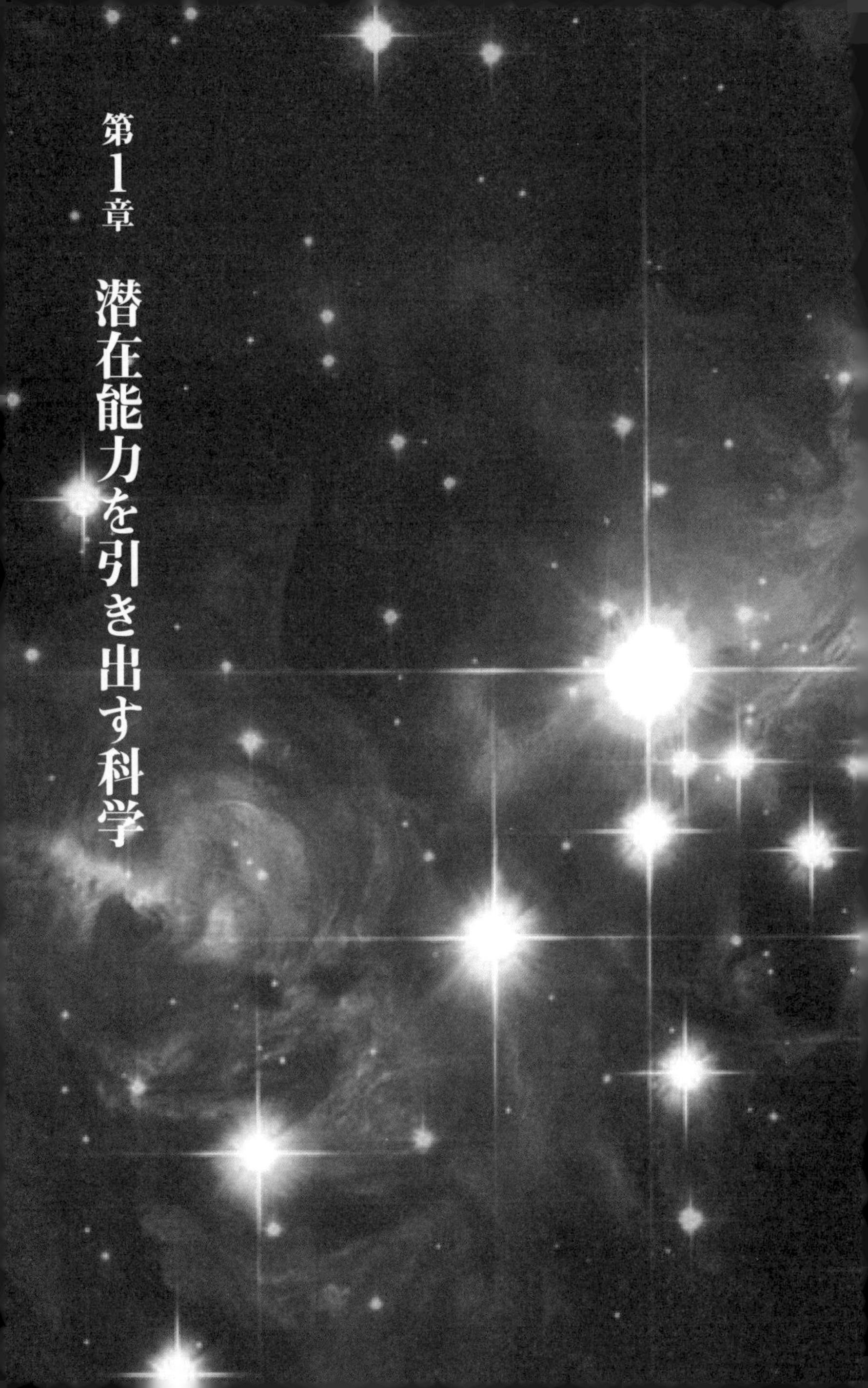

リモート・ヴューイングは潜在能力を引き出す科学である

リモート・ヴューイング（Remote Viewing）とは、離れたところにある物や人、場所や出来事に関する情報を、五感を超えた知覚（ESP）能力によって知覚することをいいます。日本語では、遠隔透視、千里眼などとも言われますが、厳密には若干意味が異なります。

リモート・ヴューイングと似たESP能力として、透視や予知、テレパシーなどがあります。透視は物理的な障壁を超えて透かして見ること、予知は将来起こることを前もって知ること、テレパシーは、言語的手段によらず、思考・観念・感覚などの印象が人から人へ伝達されることをいいます。

SRIでは一九六〇年代から、こういったESPについての研究を行っており、これらの類似概念と区別するために、リモート・ヴューイングという言葉が使われるようになりました。

リモート・ヴューイングのことを「ごく一部の人がもっている、生まれながらに備わった超能力」と、とらえている人が多いかもしれませんが、そうではありません。

経験科学的に有効であると判断された手順＝プロトコルにのっとって行われるものが、リモート・ヴューイングであり、そうでないものはリモート・ヴューイングではありません。

つまり、リモート・ヴューイングは超能力ではなく「人間がもともともっている五感を超えた知覚能力を引き出し、高めることを可能にする技術（テクノロジー）」なのです。

その正確さを示すエピソードを、一つご紹介しましょう。

冷戦中、老朽化したモスクワのアメリカ大使館を改装する工事が始められたときのことです。CIA（中央情報局）が、ジョーに、どこにどんな種類の盗聴器が、どのくらい仕掛けられているかを調べるよう依頼してきました。ジョーは、壁のなかや柱、空調用のダクトのなかなどに巧みに隠されていた、さまざまな形状の盗聴器を合計一八〇個見つけ、それを報告しました。

後日、ジョーの指摘した箇所から、そのとおりの盗聴器が発見されました。工事に関わる技師も作業員も、実は全員がロシアのスパイだったので、発見されるや否や彼らの姿はその場から忽然と消えたと、ジョーが笑って話してくれました。

それから、もう一つ大事なことは、英語の「リモート（remote）」には、空間的に遠く隔たっているという意味のほかに、時間的に離れているという意味があるということです。リモート・ヴューイングでは、空間だけでなく、時間的に離れている対象も知覚することができるのです。

日本語で「遠隔透視」という場合、時間的な隔たりを表現できないので、本書では一貫してリモート・ヴューイング、あるいはその略称として「RV」を使うことにします。

実際に、米陸軍でリモート・ヴューイングによる諜報活動が行われていた頃、リモート・ヴューワーたちは、遠隔地の調査だけでなく、過去に起きた事件の謎を解明するためや、未来のことを見通すためにもリモート・ヴューイングを行ってきました。

未来への予測については、ジョーの近著『未来を透視する』[註1]にも詳しいのでご参照ください。一九九八年にアメリカで原書が出版されたとき、ジョーは「一九九八年から二〇〇三年に、イラクで起きる第二の戦争により、中東に混乱が広がる」ことを予測していました。

このように、リモート・ヴューイングは、空間だけでなく、時間的な隔たりも超えることができます。実際、ジョーは「リモート・ヴューイングに時空間的な限界を見出していない」と言っています。

これまでのところ、過去に行くのに、限界を見出したことはない。以前、一〇〇万年以上前の過去にさかのぼったことがある。

また、未来については、四〇万年先まで行ったことがある。

距離は、一番遠いところで、天の川銀河の中心まで行った。いまのところ、まだ時間的にも空間的にも限界というものがあるかどうかはわからない。

これがジョーの見解です。ジョーは過去や未来や天の川銀河の中心へ「行く」と言っています。リモート・ヴューイングは、単に視覚的に視ることにとどまらず、時空を超えて意識の旅をすることと言えるのかも知れません。

あなたにもその「素質」はある

本書を手にした方の多くは、日本テレビの人気番組『ＦＢＩ超能力捜査官――地球の裏側を見る男――』で、ジョーが描く詳細なイラストを見たことがあることでしょう。

番組中でジョーが描くイラストを見る人は誰もが驚嘆します。ジョーは、日本から遠く離れたアメリカのヴァージニア州から、会ったこともない行方不明者の足跡を追い、その居所を示す詳細な情報を提供することができるのです。

行方不明者がどこにいようとプロトコル通りに行えば、誰でもターゲットに関する情報を得ることができます。これが、リモート・ヴューイングのすごさです。

ところで、ジョーが言うように一定の訓練を積めば、誰でもこのような能力を手に入れることができるとしたら、どう思いますか。

「そんなバカな！」と思うかもしれません。信じられないとしても当然でしょう。

でも、驚異的とも言える的中率を誇る、世界的に著名なリモート・ヴューワーのジョーがそう言っているのです。

また、二〇〇六年五月にラスベガスで開催されたＩＲＶＡ（国際リモート・ヴューイング協会）のカンファレンスで行われたセッションに参加した宇佐和通さんは、ターゲットの一部をおぼろ

註１　Joe McMoneagle, The Ultimate Time Macine, Hampton Roads Pub. Co. Inc.『未来を透視する』（中島理彦訳、ソフトバンク・クリエイティブ刊）

げにとらえることができたと言います。

ご本人は「およそ超能力とは縁がなく、勘も鋭くないタイプの人間だ」と言っています。しかも、これまで一切トレーニングを受けたことがなく、はじめての経験だったそうです。にもかかわらず、チラリとでもターゲットに関する情報を知覚できたのですから、誰でもできるというのは間違いないでしょう。詳しくは、宇佐さんの著書などをご参照ください。注2・3

もちろん、どんなことにも適性というものはあります。スポーツや楽器の演奏や絵画、料理やデザインなど、人にはそれぞれ好き嫌いや向き不向きがあります。リモート・ヴューイングにも同じようなことが言えます。

「好きこそものの上手なれ」というように、リモート・ヴューイングに興味をもち、この本を手にしたあなたなら、十分にその素質を備えていると言えるでしょう。

もっとも、極端に否定的な人にも素質がないとは言い切れません。そういう人たちのなかにも、高い潜在能力を備えている人がいます。

実際、過去に、リモート・ヴューイングに否定的なＣＩＡの女性エージェントがいたそうです。その女性は、実験の一部始終を観察し、その的中率を目の当たりにしても「トリックに決まっているわ」と言っていました。

そこで研究者たちは、そのエージェント本人を実験に参加させてみることにしました。その女性は渋々それを承知し、ターゲット（対象、標的）を与えられました。

そして「小さな川に橋が架かっているのが見えます」と言いました。

エージェントはそれを単なる自分の想像だと思っていたようですが、実際には的中していたのです。彼女は何度も実験をし、その度に彼女の意思に反して、科学者たちが嘆息をもらすような素晴らしい結果を出したそうです。

結局この女性は、CIAの非公式の超能力部隊のメンバーになったということです。[註4]

むきになって否定する人ほど、裏を返せばその問題に人並み以上の関心をもっているものです。もし、あなたの身のまわりにリモート・ヴューイングの否定論者がいたら、その人には潜在能力があるかも知れません。

いま述べてきたように、もともと興味がある人であろうと、ことさらに否定する人であろうと、誰にでも優れたリモート・ヴューワーになれる素質があるのです。

リモート・ヴューイングは人生を変える

テレビ番組で、ジョーがリモート・ヴューイングをしているのを目にすると、まるでマジックのように見えます。誰でもこんなことができるようになるとしたら、それを学ぶことは、マジッ

註2　並木伸一郎、宇佐和通著『FBI超能力捜査官マクモニーグルと「遠隔透視」部隊の真実』（学習研究社刊）
註3　並木伸一郎「驚異の超能力リモート・ヴューイング」『ムー』二〇〇六年一二月号（学習研究社刊）
註4　Jim Schnabel, Remote Viewers: The Secret History of America's Psychic Spies, Doubleday Dell Publishing Group Inc.『サイキック・スパイ——米軍遠隔透視部隊極秘計画』（高橋則明訳、扶桑社刊）

クを学ぶようなものなのでしょうか——。

ジョーは、リモート・ヴューイングを知ることは、ものの見方や生き方、人生観そのものの変化を経験することにほかならないと言っています。

その意味では、リモート・ヴューイングは、単なるマジックではなく、人生を変えるマジックと言えるかも知れません。

多くの人はマジック、つまり魔法か、奇術とか手品のたぐいのものとして、リモート・ヴューイングに興味をもつ。

実際、それはマジックみたいなものだ。

別の部屋にあって見えるはずのないものが見えたり、訪れたこともないどこか別の場所で、いま起こっていることがわかったり、または何千キロメートルも離れたところで、誰が何をしているかがわかったりするなんて、まさにマジックだ。

これは、金鉱を見つけることに似ていて、実にエキサイティングなことだ。これが人々を面白がらせ、リモート・ヴューイングにいざなうのだろう。

しかし、いったん真剣に取り組みはじめると、それが車の運転を習うようなものとはまったく違うということに気づくに違いない。

リモート・ヴューイングは、何かをするための、一連のルールを学んだり、マジックのトリックを学んだり、またはスイッチを押して部屋の電気をつける、といった単純なものではない。

リモート・ヴューイングを知ることは、森羅万象がどのように働いているかということに関する、すべての概念が変わるということであり、物事がどのように働いているのかについてのとらえ方、哲学体系や人生観が変わるということなのだ。

それは、人が人生をどう生きるかという問題と関わっている。実際のところ、リモート・ヴューイングは、トリックでもマジックでもない。もっと深く生き方そのものに関わる問題だと私は考えている。

いまでは、このようなリモート・ヴューイング観を語るジョーですが、軍の特殊部隊に配属されて訓練を始めたばかりの頃は、一〇〇〇キロメートル離れたところにあるターゲットを当てることにしか目が向いていなかったそうです。

軍の任務ですから、国家の安全のために成功させなければならないというプレッシャーがあります。失敗すると気分が悪く落ち込むだけでは済まないでしょう。大変なストレスとの戦いだったことは想像に難くありません。ターゲットを当てることに執着するのは当然だったと思います。しかし、訓練を重ねるうちにジョーの心に変化が訪れ、リモート・ヴューイングを生き方の「道」と、とらえるようになったようです。

否定的報道で歪められた「真実」

ジョーがテレビ番組で、リモート・ヴューイングの実演を行うようになったのには理由があります。否定的な報道による誤解を解き、誤った情報の氾濫を抑えるためです。

リモート・ヴューイングは、科学的な裏付けのある信頼できる技術であるにもかかわらず、とんでもない誤解を受け、リモート・ヴューワーや研究者たちは、不当な扱いを受けてきたという過去があるのです。

そもそも、リモート・ヴューイングによる軍の諜報活動は、極秘裏に進められていました。それがいまや全米はおろか、世界中で知られるようになったのは、一九九五年一一月二八日、アメリカのＡＢＣテレビの『ナイトライン』という番組で、スターゲイト計画のことが暴露されたのがきっかけです。その論調は「こんなわけのわからないことのために、政府は何百万ドルも費やしている！」という批判的なものでした。

それまでＣＩＡや軍の上層部は、リモート・ヴューワーたちに、国家の安全保障にとって重要な案件を依頼してきました。そして彼らは、それに応えてきました。そうした結果については、一般に公開されている報告書もあり、誰でも閲覧できます。つまり、リモート・ヴューワーたちが国家の安全に対して、多大なる貢献をしたことは動かしようのない事実なのです。

にもかかわらず、その番組が放映された直後、ＣＩＡはスターゲイト計画との関わりを否定しました。事実はねじ曲げられ、スターゲイトの関係者の業績や名誉は傷つけられたのです。スターゲイト計画に関する否定的な報道が過熱したとき、ジョーのもとには取材が殺到しました。ジョーがテレビ番組への出演依頼を承諾すると、メディアはセンセーショナリズムに走った報道で、事実をねじ曲げたといいます。

ジョーはそのときのことを、著書『ＦＢＩ超能力捜査官』[註5]のなかで次のように述べています。

どんな行動をとっても、事実が面白おかしく作りかえられる。求めに応じて発言すると、連中の都合のいいように使われてしまう。かといってだんまりを決め込むと、それをいいことに、理性に欠け機転をもちあわせない男というレッテルを貼られる。

否定的な報道の最中には、リモート・ヴューイングは「神への冒涜《ぼうとく》」だとまで言われたこともあったそうです。一連の報道ののち、議会の反対を受けてスターゲイト計画は打ち切りになり、ジョーをはじめ、関係者は社会的信用と、名誉を傷つけられて職を失いました。

ジョーは、正しい情報を伝えるために、テレビ番組での実演を続けました。発言だけでは、リモート・ヴューイングの正確さを証明しようがありませんが、テレビカメラの前で実演すれば、

註5　Joe McMoneagle, The Stargate Chronicles, Hampton Roads Pub. Co. Inc.『ＦＢＩ超能力捜査官』（中島理彦訳、ソフトバンク・パブリッシング刊）

動かしようのない事実を人々に伝えることができます。

ジョーの努力が功を奏し、リモート・ヴューイングを理解する人が増えてくると、今度はジョーの成功に便乗し、その能力を富や名声のために利用しようとする輩《やから》も現れました。リモート・ヴューイングとメディアとのあいだには、不幸な過去があります。そのため、ジョーだけでなく、多くの関係者が辛い思いをしました。そうした経験を経て、エゴを手放し、自分の成功よりも思いやりと優しさを重んじる、いまのジョーのリモート・ヴューイング道があるのです。

米ソの軍拡競争で現実のものとなったサイキック・スパイ

この辺で、米軍の超能力による諜報プロジェクト「スターゲイト」が始まった経緯について触れておくことにしましょう。

一九四五年に第二次世界大戦が終結してから、一九九一年にソビエト連邦が崩壊するまで、世界は東西冷戦下にあり、米ソ両大国は軍拡競争に、しのぎを削っていました。米ソが競い合っていた軍事技術には、核ミサイルや戦闘機、原子力潜水艦など大きなものから、通信技術や写真の解析技術などの小さなものまで、実にさまざまなものがありました。

こうした熾烈な競争のなかで、人間が潜在的にもっている超能力を利用したリモート・ヴュー

ジョーの「ここだけの話」

③米ソで違うリモート・ヴューワー育成法

2000年の2月にモスクワに行って、ソ連の最優秀リモート・ヴューワーと元KGBの将軍に会う機会があった。冷戦時は敵として、お互いしのぎを削った相手なので、感慨深いものがあった。

リモート・ヴューイングの訓練は、ソ連のほうが厳しい。たとえば、知らない土地に候補者を連れて行き、目隠しをしてヘリコプターに乗せて上空を飛び、陸地に何があるかを言わせる。できなければ訓練を止めさせる。また、閉鎖的な環境に閉じ込めてトレーニングさせる傾向にあった。

アメリカは、身元がはっきりしている軍の関係者を候補者としていたので、届けを出せば旅行もできる環境にあった。また、アメリカの人材のセレクションは陸軍の関係者に限られていたが、ソ連は軍人、民間人にかかわらず優秀な人材を、幅広く発掘していた。

リモート・ヴューイングの準備の段階で、私は禅の瞑想や、ロバート・モンローが開発したヘミシンクの音響技術を利用したが、ソ連はシャーマニズムや、他の瞑想法を使っていた。

イングが、軍事技術の一つとして利用されるようになっていったのです。

一九七〇年代初頭まで、超能力の研究においてアメリカは、諸外国に遅れをとっていました。CIA（米中央情報局）が世界各国に送り込んでいたエージェントからの報告によると、当時のチェコ、ソ連、中国、ドイツ、イスラエルそれに英国までが、既存の科学では説明がつかない超常現象や超能力について、深く研究しているということでした。

とくにソ連では「人間兵器」としてのリモート・ヴューイングの研究が盛んに行われており、実際に訓練された兵士がサイキック・スパイ（超能力スパイ）として、敵国の動向を地球の裏側からスパイしていました。

CIAのアナリスト、ケネス・クレス博士は、こういったエージェントたちからの報告に基づき、ソ連をはじめ諸外国の超能力の研究に関する報告書をまとめています。

ちなみに、リモート・ヴューイングのプロトコルをつくったインゴ・スワンは、ソ連の研究は単なる「超能力の研究（psychic research）」でなく心理工学（psychotoronics）であると言っています。正確には「精神エネルギーの応用科学（Applied psychoenergetics）とも言えるもので、精神の力を使った情報収集「メンタル・スパイング」のほかに、他者の精神を支配するマインド・コントロールの研究も含まれていました。ソ連は、一九七五年までに、この精神エネルギーの応用科学のために、三億ルーブルもの資金を投じていたということです。[註6]

ＣＩＡや米軍の情報部門は、当初このソ連の研究を、ばかげたものと一笑に付していました。しかし、ケネス・クレス博士の研究報告書を読んで、ことの重要性に気がついた人物が軍のなかに存在しました。当時メリーランド州フォート・ミードにあった、情報保安司令部の防諜活動担当官、フレデリック・ホームズ（スキップ）アットウォーターです。

彼は、ＣＩＡがＳＲＩに依頼して一九七二年から「サイ能力（ＥＳＰやＰＫなどの超能力）」の研究を進めてきたことを知ると、情報保安司令部でも研究を進める必要があると考え、そのことを上官に進言したのです。

情報担当陸軍参謀総長補佐のエドマンド・トンプソン少将が、スキップの進言に耳を傾け、リモート・ヴューイング部隊創設のキーマンとなりました。そして、スコッティ・ワット少佐を部隊指揮官に、スキップを作戦将校として、米軍で最初のサイキック・スパイ養成プロジェクトがスタートしたのです。ときはベトナム戦争が終わり、人権外交を掲げる民主党のジミー・カーター候補が、大統領に就任した一九七七年夏のことでした。

ベトナム戦争の激戦地からの奇跡の生還者を探せ!

スキップ・アットウォーターの作戦将校としての最初の仕事は、軍のなかからサイ能力をもつ者を選び出し、この特殊な諜報部隊にリクルートすることでした。

スキップは職務上の特性や経歴などから、二〜三〇〇人の候補者リストをつくり、面接やテストを繰り返しました。

スキップは激戦地から奇跡の生還を果たした兵士を有力視していましたが、それは、サバイバル能力と超能力の発現には、何らかの関係があると考えられていたからです。

先天的な特性が先か、後天的な環境条件が先かは定かではありませんが、いずれにしても、並々ならぬ試練に耐え抜いた経験が、超常的な能力の発達に大きく影響していることは間違いありません。

スキップが真っ先に目をつけたのは、全滅した部隊の生き残り兵士や、何度も激しい戦火をくぐり抜けて奇跡の生還を果たした兵士です。彼らには、並みはずれたサバイバル能力があると考えられます。これは、一種の超能力によるものではないかと推測できるのです。

註6　Statement by Ingo Swann on Remote Viewing　http://www.biomindsuperpowers.com/Pages/Statement.html

ジョー・マクモニーグルは、まさにそんな兵士でした。

ベトナム戦争での凄惨な体験について、ジョーはあまり多くを語ろうとはしません。

当時ジョーが操作を担当していた実験装置を乗せたヘリコプターは、積載量超過のために追加の装甲や銃器を搭載することができませんでした。つまり、丸腰に近い状態で敵の銃弾の射程内を飛んでいたのです。

このヘリコプターが敵の攻撃を受けて墜落したとき、ジョーは瀕死の重傷を負いました。

ジョーが二〇〇六年六月に受けた手術は、このときに砕けた無数の骨の破片を取り除くためのものだったのです。

一命を取り留めたジョーは「本国の病院で手当を受けるように」という医師の勧めを断り、痛みを押して、よろよろと戦地の陸軍病院からはい出し、再び激戦地へと向かいました。

痛み止めのもたらす覚醒作用と、むごたらしい体験の記憶を消すために、ジャック・ダニエルを煽《あお》りながら……。

激戦地では、ベースキャンプの内外を問わず、昼夜を問わず死と隣り合わせの毎日です。ジャングルのなかから突然敵が現れ、銃撃戦が始まることもあったといいます。そんな極限状態のなか、ジョーは「胸の奥の小さな声」に従って行動することで、幾度となく命拾いをしました。

いつしか、兵士たちはジョーの不思議な能力が、いち早く危険を察知して教えてくれるということに気づき、ジョーの行動を真似るようになったと言います。笑い話のようですが、たとえばジョーが靴を磨くと、部隊全員が靴を磨き、ジョーが左足から靴をはくと、みんなも左足からはくという具合でした。

そして、スキップが「奇跡の生還者」に狙いを定め、ジョーを見出したことは、まったく正しい選択でした。スキップが行った最初のテストのときから、ジョーがリモート・ヴューワーとしての素質を十二分に備えていることは歴然としていました。

ジョーはそのテストのときのことを次のように話してくれました。

最初のテストのとき、彼らは六件のリモート・ヴューイングの課題を私に与えた。それは通常のプロトコルによるダブル・ブラインドのテストだった。

私は、それまで一度もリモート・ヴューイングをしたことがなかったが、六件のうち、五件までがパーフェクトな結果だった。

彼らは、私をゴンドラウィッシュのメンバーとしてリクルートした。たぶん、私のようなケースは例外的だと思う。明らかに最初から能力が突出していると言われていた。

脳内現象か現実体験か？　臨死体験が超常的能力を呼び起こす

個別に行われた面接の際、ジョーたちは臨死体験の有無についても尋ねられたそうです。臨死体験（Near Death Experience）とは、事故や病気などが原因で一度死亡したと医師に診断されたあと、蘇生した人々が証言している特殊な体験のことをいいます。

医療技術の発達により、瀕死の重態からの蘇生者が増えてきたこともあって、臨死体験は、医療関係者らの注目を集めるようになっていました。

そこでアメリカでは、一九七〇年代からエリザベス・キューブラー・ロス博士やレイモンド・ムーディ博士らによる、臨死体験の実証的研究が行われるようになりました。事例研究や統計データの収集をはじめ、科学的アプローチによる研究が行われ、研究団体も発足して臨死体験に関する国際会議なども開かれています。その結果臨死体験には、国籍や年齢性別に関係なく、一定の共通パターンがあることがわかってきました。

「人生の再現フィルム（人生回顧）を見た」「暗いトンネルを抜けて光の世界を見た」「『死後の世界』にいって亡くなった近親者と再会した」「神、創造主、光の存在など、人間以外の高次元意識存在と遭遇した」「意識が肉体の外に出ている体外離脱と呼ばれる体験をした」などの証言が多く報告されているのです。

臨死体験は幻覚や錯覚と同じ脳内現象なのか、あるいは現実体験なのかについては、研究者のあいだでも議論が分かれるところです。しかし、臨死体験ののち、生き方が変わった、直感力が鋭くなった、予知能力に目覚めたなどの変化が数多く報告されており、五感を超えた超常的な能力が高い人には、臨死体験者が多いということがわかっています。

そのためスキップと上官のワット少佐は、面接で臨死体験の有無について尋ねました。ジョーは、臨死体験の有無を答えるのに一瞬躊躇したそうです。ジョーたちはテストや面接の目的についてまったく聞かされていなかったため、下手なことを言って、頭がおかしいと思われたり、軍での評価を落としたりするようなことは、避けなければならないと警戒していたのでしょう。

しかし、ジョーは自分のなかの内なる声を聞き、一九七〇年、ヨーロッパでの任務に就いていたとき、最初の臨死体験をしたこと、その後、人生観が大きく変化したことなどを正直に話しました。本書の巻頭言にもあるように、それはスキップの関心を大いにそそるものでした。

結局ジョーは、科学者やスキップたちが有力な条件と考えていた、サバイバル能力と臨死体験のいずれの条件も満たしていました。

すべての情報をシャットアウトせよ！

このときスキップは、六人のリモート・ヴューワーを選び出しました。

ジョーの著書などによると、ジョーは最初から、そのうちの二人、ケネス・ベルとメル・ライリーと気があっていたようです。ジョー、ケネス・ベル、メル・ライリーらは、優れたリモート・ヴューワーとして、軍の諜報活動に貢献するようになります。

プロジェクトの性質上、予算も人員も限られていたため、最初は人目につかない、捨て置かれた軍の施設を自分たちで改装して使ったそうです。もちろんジョー自身も、壁を修理したり床のカーペットを張り替えたりしました。

こうして、リモート・ヴューワー001号となって以来、ジョーはアメリカの諜報活動に、大きく貢献してきました。ジョーの能力をもってすれば、ターゲットがどんなに遠く離れていようと、どんな物理的な障壁に阻まれていようと関係ないのですから、高性能なレーダーやカメラを開発するよりもずっと効率的です。ジョーは、見たこともない機械や建造物の複雑な構造をスケッチすることにおいて、類いまれな能力を発揮しました。

あるとき私は、なんの予備知識もない、ある機械についてリモート・ヴューイングするように指令を受けた。

機械類は複雑で、何か物理学に関係する、特殊な作業をするための機械のようだった。私はそんな機械は、それまでに見たこともなかったし、物理学の知識もなかった。それらの機械が、どのような働きをするかについて、まったく見当もつかなかったのだ。

しかし、私は機械について丁寧なスケッチを描き、リモート・ヴューイングで見たままを、一生懸命説明した。

依頼者たちは、私のスケッチ類や記述、描写を詳しく検討して、とても高い評価を出した。

そのときのリモート・ヴューイングは上出来で、九〇%は有効なものだったと思う。

彼らは私がその機械について、あらかじめ知っていたか否かを尋ねた。

答えはもちろん「ノー」だ。

しかも私は、インスピレーションによって得られた、この機械の改良点をいくつか提案した。彼らは物理科学の知識のない私が、改良について優れた発想や考案をしたことに驚きを隠せないようだった。私はリモート・ヴューイングによって、それら機械類について学んだのだ。

どんなに複雑な構造物でも、予備知識がないブラインド（盲目）状態のほうが、リモート・ヴューイングはうまくいくようです。したがって、ジョーが専門的で高度な機械について、素人であったことは、むしろ好都合だったのです。

9・11の犯人の名前は事前にわかっていた！

あるときジョーは、ソ連の核兵器の工場のリモート・ヴューイングを依頼されたことがありました。ジョーがスケッチした核兵器の工場の様子が、あまりにも正確だったために、それが核技術の素人の描いたものだとは信じられなかった科学者たちもいたそうです。

正確すぎたために信じてもらえなかった経験から、ジョーは不本意な事態を避けるために、わざと下手な絵を描くこともあったと言います。そのほうが、技術者たちが納得できるのですから、皮肉なものです。

ジョーやスキップの話によると、貴重な情報が有効に活かされないこともあったそうです。

リモート・ヴューイングで、事件や緊急事態を前もって知ることは難しいことだ。また、仮に事件や緊急事態を予言したとしても、それについて何かをするよう、人々を動かせるかどうかが問題になる。

たとえば、スターゲイト計画は、二〇〇一年にニューヨークで起きた米同時多発テロ（9・11）を、一九八九年に、リモート・ヴューイングしていた。

私たちは、テロリストが貿易センタービルに航空機で飛び込むことを予言し、さらに操縦していたテロリストのパイロットの名前まで当局に提供したのだ。

そのファイルはCIAに存在し、私はそのファイル番号も知っている。

しかし、CIAの担当者たちはそれを信じなかった。

もう一つの例は、一九名の軍人が紅海でのミサイル攻撃で命を落とした、USSスターク・クルーザーの事件だ。私たちは、USSスターク・クルーザーのロケット攻撃を、事件の起こる七カ月半前にリモート・ヴューイングし、予言した。

ところが、当局の人間は、誰もそれを信じなかった。

このように、仮に事件をとても正確に予言することができても、何か対策をするなど人を動かせなければ、情報を活かすことはできないのだ。

事件を予言することが問題なのではない。問題は、それについて何かをするように、誰かを動かせるかということなのだ。

リモート・ヴューイングで得られた情報が、テロや事件を阻止するために活かされなかったことは、残念というほかありません。

このように訓練の成果が認められなかったり、国家の安全に関わる重要な情報がないがしろにされたりすることは、スターゲイト計画に関わってきたすべての人たちにとっても、やりきれないことだったに違いありません。

スターゲイト計画打ち切りの副産物

先にもお話しした通り、アメリカのＡＢＣテレビの『ナイトライン』という番組での、否定的な報道が発端となって、スターゲイト計画は終焉しました。

否定的な報道は、関係者たちの名誉をひどく傷つけました。

いったん軍の諜報活動に関わったら、家族や親しい友人、軍の内部の人にすら、自分が何をしているのか話せません。孤独です。それでも国家のために、的中率を上げなければなりません。リモート・ヴューワーは、たった一人でプレッシャーに耐えなければならないのです。それだけでもストレスは多かったことは間違いありませんが、そのうえ、自分が長いあいだ関わってきたプロジェクトの意義を否定するような報道が行われたのですから、関係者が憤りを感じるのは当然です。

しかし、これで本当にＣＩＡやＤＩＡなどの国家組織と、リモート・ヴューワーたちとの関係がなくなったはずはないと、私は考えています。ジョーをはじめ、優れたリモート・ヴューワーたちは、いまでも国家の安全にとって重要な問題についての依頼を受けているとしても、なんの不思議もないでしょう。ただし、ジョーは、軍との関係をはっきりと否定しています。

また、スターゲイト計画関係者の憤りとは裏腹に、一連の報道にはプラスの副産物もありました。報道されたおかげで広く一般国民が、リモート・ヴューイングについて知ることになったのです。さらに、ジョーのテレビ出演などが功を奏し、好意的で、前向きな関心を示す人が増えてきたのです。

ジョーのところには、いつもたくさんの行方不明者の捜索依頼が寄せられています。また、会社の命運をかけて、アドバイスをほしがる企業や、投資家からの依頼があとを絶ちません。

石油をはじめとして、希少鉱物の探査、発掘などのエネルギー関連の企業や、国家的プロジェクトの依頼もあると聞いています。

ただしその場合でも、慎重な対応が必要だとジョーは言っています。

リモート・ヴューイングを実社会で役立てようとするとき、注意しなければならないことがある。

難しいのは、同じ価値観を共有できる人々ばかりではないということだ。

世界がどのように機能しているかについて、友人や知人同士でさえも、同じ意見をもっているわけではない。時にはまったく違う視点で、世界の動きを見ていることもある。

だから、リモート・ヴューイングがいかに正確なものであっても、これから起こり得ることを、誰かれかまわず人に話したとしたら、きっと少し頭がおかしいと思われるだろう。

たとえば私が、ビジネス関係にある誰かから仕事を依頼されて、情報を提供したとしよう。依頼主は「どこからこの情報を得たのか?」と聞くが、私はリモート・ヴューイングによるとは告げず「調査による」と言うにとどめる。

なぜなら得られた情報を、有益であると彼らが思わずに、拒絶するかもしれないからだ。

ただ、個人的なリサーチによる、とだけ言うことにしている。

そんなふうにしばらくのあいだ、彼らに有益な情報を提供していると、彼らは「できればあなたの情報源はどこか言ってくれないか」と尋ねてくる。

そのときになってはじめて私がしていることを言うかもしれないが、そうするのは通常何年も経ってからのことだ。

優れたリモート・ヴューワーとして知られるジョーであっても、これだけ慎重な対応が必要だということには、驚きを覚えます。

とはいえ、どんなかたちであれ、リモート・ヴューイングのエキスパートたちが、国家による統制のないところで、自由に活動できるようになったことは、ある意味ではとても喜ばしいことです。またスキップをはじめ、スターゲイト計画の関係者たちが行っている、リモート・ヴューイングのセミナーへの参加者が増えつづけていることは、人々の関心の高さを物語っています。

古代の超能力開発法とリモート・ヴューイングの違い

現在私たちが、リモート・ヴューイングに関する体系だった知識を得ようとすると、そのリソース（情報源）のほとんどは、スターゲイト計画の関係者か、彼らの教えを受けた弟子たちということになります。しかし、リモート・ヴューイングに相当する能力については、スターゲイト計画よりも、はるか昔から知られていました。

最も古いものは、古代文明のなかに見出すことができます。エジプトの墳墓の壁にも、古代文明が残した石版にも、旧約聖書のなかにも、コーラン、トーラ、カバラ、その他数々の文献のなかに「人々、場所や出来事などを、離れた場所に居ながらにして、心の眼で見通す技術」についての記述を見つけることができるのです。

その後ルネサンス期や、一八〜一九世紀、近代科学の勃興期にも、人間のもつサイキック（超常的）な能力について探求しようとする試みはありました。一九世紀のヨーロッパでは、一部の貴族や知識階級のあいだで、千里眼やテレパシー、心霊研究などが一種の流行となったこともあったそうです。

しかし、そのなかには奇術師によるトリックなどもあり、そのことが誤解や偏見を招き、超能力の真面目な研究まで否定される原因となったと言われています。スターゲイト計画が、こういった古い時代の研究と一線を画する点は、リモート・ヴューイングのプロトコルにあります。

プロトコルの開発の中心となったのが、ＳＲＩのハロルド・パソフ（プトフ）とラッセル・ターグ両博士、そして「リモート・ヴューイングの父」と呼ばれるインゴ・スワンです。

インゴ・スワンは、並みはずれた超能力者であると同時に芸術家でもあり、リモート・ヴューイング界のカリスマです。宇佐和通さんが参加した国際リモート・ヴューイング協会のカンファレンスでは、インゴ・スワンの講演は大盛況で立ち見が出るほどだったそうです。

インゴ・スワンが開発したプロトコルに従ったリモート・ヴューイングは、正確には、ＣＲＶ（コーディネイト・ＲＶ）と呼ばれます。

コーディネイト（地理的座標）を与えられて行うことから、この名前がつけられました。

リモート・ヴューワーは、モニターから座標を与えられ、その座標にある情報を知覚します。モニターは、リモート・ヴューワーが、プロトコルの基本構造から逸脱していないかをチェックし、セッションのプロセスを記録します。

こうした手順を守ることにより、特別な能力者でなくても、五感を超えた知覚能力を高め、リモート・ヴューイングで情報を得ることができるようになったのです。

プロジェクトの初期には、ジョーのような能力者だけが選ばれていましたが、やがてもっと数多くの平均的な能力の兵士たちが、リモート・ヴューワーとして養成されるようになりました。

これはプロトコルの信頼性の高さを示しています。

プロトコルを守ることで的中率は高まる

リモート・ヴューイングのプロトコルの重要性について、ジョーに尋ねてみました。ジョーは「生まれながらのサイキック（超能力者）でも、プロトコルに従ったほうが正確な情報を得られる」と言っています。

初心者でも、その道三〇年の熟練者でも、絶対に欠かせない条件があります。

それについて、ジョーは次のように語っています。

リモート・ヴューイングと、超能力や霊能力との違いは、科学的な精査の過程を経て設計された手順（プロトコル）に従っているか、そうでないかにある。

したがってリモート・ヴューワーは、科学的なプロトコルの範囲内でのサイキックと言ってもいいだろう。

このプロトコルは、ダブル・ブラインドであるということだけで、とてもシンプルなものだ。

リモート・ヴューワーには、言葉とスケッチの両方でターゲットを描写することが要求される。

リモート・ヴューワーはただ「この封筒に入っている場所について、必要で知らなければならないことを描写しなさい」と告げられる。

封筒のなかには、一〇〇〇マイル（一六〇〇キロメートル）離れた場所の、ある部屋のなかの写真が入っているかも知れないが、ただ目の前に封筒がある以外のことは何も知らないし、また封筒をもってくる人も、一切の情報を知らない。

リモート・ヴューワーは、ターゲットについて、完全に何も知らない状態でなければならない。それがどこなのか、なんなのか、住所であろうと建物であろうと、どんな情報でも、知ってはならない。

そして、同じ部屋にいる人もまた、ターゲットに関するいかなる情報も知っていてはいけない。一切の情報を入手できない状態でなければならないのだ。

これには理由がある。

リモート・ヴューワーは、有無を言う間もなく強制的に、思考（心）をある情報を得ることに向かわせなければならない。その情報を得るには、リモート・ヴューワーを完全にサイキックな状態にさせなければならないのだ。

そこにわずかな情報、かすかなヒントでもあったなら、人はあえてそうしようとしなくても反射的に想像力を働かせ、それをもとにして答えを組み立てるだろう。それがすべてを台無しにしてしまう。だから、完全に盲目状態でなければならないのだ。

一方、サイキックな人は、たいていは人々が与える描写から、または人々が語る話から、あるいはもたらされる情報から、多くのヒントを得て答えを出す。

それが、サイキックとリモート・ヴューワーの違いである。

ジョーに行方不明になった人を捜してもらいたい依頼主は、行方不明者の名前なり写真なりが入った封筒を、完全に封をした状態でジョーのワイフのナンシーに渡します。ナンシーも中味を知りません。そして、リモート・ヴューイングが終わるまでのあいだ、ジョーもナンシーも封筒を開けることはありません。ダブル・ブラインドとは、こういうことなのです。

私は一度、あるアメリカ人がジョーに、生き別れになった父親を捜してくれるように頼んでいるやり取りを、近くで聞いたことがあります。

ジョーは「父親」「生き別れ」というターゲットに関する情報を聞いてしまったため「リモート・ヴューイングはできない」と言っていました。

「父親」という依頼者の言葉から、年齢、性別の判断ができるうえ、依頼主が息子であるために、ターゲットの顔や体型など、ある程度の身体的特徴が推測できてしまいます。

このように、事前に情報を与えられることを「フロント・ローディング（front loading）」といいます。これがあると、ターゲットに関する先入観が生まれ、好ましくない状況になります。

つまり、リモート・ヴューイングは、プロトコル通りの手順を守って行わなければ成立しないのです。

リモート・ヴューイングの上達と人間的成長

リモート・ヴューイングに興味をもった人は、いろいろな情報を集めることから始めるでしょう。今日では、インターネットだけでもかなりの情報が入手できます。また、関連の本を集めて読みあさります。十分な知識を得て満足すると、自分でやってみたくなってセミナーを受講したり、教材を購入して自習したりします。

しばらくは、技術的なことをマスターすることに時間をかけます。

それがある程度できるようになると、ターゲットをどれだけヒットさせるかに、やっきになります。そして、ある程度のヒット数を確保できると、次にリモート・ヴューイングでどんなことができるか、その可能性について考えるようになります。

リモート・ヴューイングを学ぶメリットについて、ジョーは次のように語ってくれました。

リモート・ヴューイングでできることのなかで、最も優れた点は、自己鍛錬法を学べることだ。リモート・ヴューイングの技術は、そのためのツール（道具）なのだ。

この技術を学ぼうとする人がしなくてはならないことは、メンタルな自己制御の訓練をすることだ。そして、自己制御の方法を開発できたときに、リモート・ヴューイングの能力を使って、人々を手助けできるだろう。

そのためには、自分自身の欲望をコントロールできなければならない。これができれば、人々がいま地域社会や地域文化に与えている無駄なものを、減らすことができるかも知れない。その代わりに、人はもっと生産性のある活動で、社会に貢献できるだろう。

このようなコントロールの能力は、物事のとらえ方や、考え方をレベルアップさせ、人生哲学を構築させる。精神性を高め、明確に思考できるようにもなる。

そして一人ひとりの行動が、社会や文化に利益をもたらすようになる。

リモート・ヴューイングを通じて自己鍛錬ができ、考え方が改良されると、それは人生の明確な進路を切り拓《ひら》く助けとなる。そして、目標に対して統制のとれた行動ができるように

モンロー研究所での日本人対象のプログラムで。
ジョーの講話を通訳する筆者。

なり、宗教的な道を選んだとしても、また、ビジネス的な道を選んだとしても、役に立つに違いない。

「リモート・ヴューイングは単なる技術ではない」というジョーの姿勢は終始一貫しています。

精神性を重んじる、ジョーらしい答えだと思います。

精神の鍛錬、修練を語るときのジョーは、日本の武士か武道家のようです。

リモート・ヴューイングを究めていくと、その先に見えてくるものは、ターゲットがヒットしたか否か、などという小さいものではない、ということでしょう。

優れたリモート・ヴューワーになることと、人間的な成長は不可分ではないようです。

また、ジョーは、リモート・ヴューワーの適性について、次のように話しています。

リモート・ヴューイングをするのに、特別にサイキックであるとか、直感力の優れた人である必要はない。

また、精神性という意味では、悪人であっても、リモート・ヴューイングができないわけではない。私はとてもひどい人間性の、リモート・ヴューワーを知っている。

しかし、喜ばしいことに、人間性の低い人たちは、あるレベルまでしか到達できない。彼らはあるレベルを超えて、進歩することがないのだ。

なぜなら、リモート・ヴューワーとして、あるレベルを超えるには、人間として、本来備えているべき資質というものが要求されるからだ。

彼らには、本来誰もがもっているべき善良さや優しさ、寛大な心や魂が欠けている。

そして、それは優れたリモート・ヴューワーが備えているべきものだ。

このような観点からいうと、最もリモート・ヴューイングに適さないのは、人生哲学をもたない人と言える。自分自身の可能性を開発し、向上させることに興味のない人、それからなんに対しても責任を取らない人も適さない。

自分の住む地球や、ほかの人々、生き物や自然環境などに興味のない人々は、最もふさわしくない。すべての生きとし生けるものとの霊的（非物質的）なレベルでの、深いつながり

があるという事実を理解できない人々は、最もふさわしくないと言えるだろう。

ジョーの話を聞いていると、リモート・ヴューイングほど、人間性を問われるものはないようです。プロトコル通りに行えば、誰でもできるけれども、人間的な強さや良心や寛大な心といった人間的な資質がないと、あるレベル以上には伸びないということがわかります。

心を開けば、潜在能力が目覚める

リモート・ヴューイングのプロトコルがつくられたことは、人類が超能力に関する大きな転期を迎えたことを意味します。かつて、超能力は一部の限られた人がもつ特殊な能力でした。しかし、その能力の一部は、やり方を学べば、誰もがもつことができる能力となったのです。その方法は、経験科学的に有効であることが確認された方法であり、書物やCDやDVDなどの教材やセミナーなどを通じて、学習することができるものです。

プロトコルの詳細については、本書でものちほど詳しく紹介します。

また、欄外にハロルド・パソフ、ラッセル・ターグ、インゴ・スワンの代表的な文献を明記しておきましたので、彼らの研究について、より詳しく知りたい方はご参照ください。[註7]

このことは、超能力が、いまや語学やスポーツや芸術など、そのほかの技術と同じレベルの能力になりつつあることを意味します。そして、リモート・ヴューイングに興味をもち、この本を手にしたあなたはもうリモート・ヴューワーへの道を一歩踏み出しているのです。

この超能力は、もうすぐ誰にでもできる当たり前の能力になろうとしています。

註7 Russell Targ and Harold E. Puthoff, Mind-Reach: Scientists Look at Psychic Abilities (Studies in Consciousness), Hampton Roads Pub. Co. Inc.『マインド・リーチ―あなたにも超能力がある』（猪股修二訳、集英社刊）

Russell Targ and Keith Harary, The Mind Race, New English Library Ltd.『奇跡のスタンフォード・テクニック―超能力研究のメッカＳＲＩが開発した短期間超能力増強システム』（アルバトロス・フォーラム訳、学習研究社刊）

Ingo Swann, Everybody's Guide to Natural Esp: Unlocking the Extrasensory Power of Your Mind, Jeremy P. Tarcher; Inc

ジョーの「ここだけの話」

④宇宙人はこんな「人」だった！

宇宙人にも種類がある。高度に発達した文明をもつ知的生命体や二度と見たくないような、醜い容姿をもった宇宙人とも遭遇したことがある。どんなふうに醜いかって？　あまりに醜いので、友達には絶対なりたくないようなヤツだった。

リモート・ヴューイングで、宇宙人を見たことが数回あった。我々が、彼ら知的生命体のテリトリーに侵入しているのを、彼らはもちろん承知しているようだった。

しかし目を合わせることを避け、それとなく無視するような態度だった。

彼らから我々に、直接コンタクトしてくることはない。彼らは我々地球人のことを、まだ未成熟な存在であると考えているからだ。我々がもっと霊的に成長して、思いやりの心をもち、宇宙の住人として参画するにふさわしい存在となったら、コンタクトしてくる可能性はある。

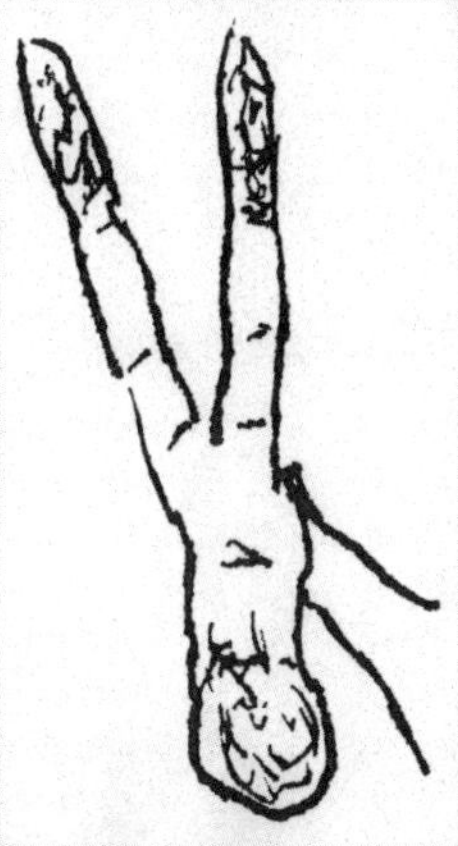

ジョーが描いた宇宙人の「手」

⑤意識をもっている素粒子と交信！

私はテキサス大学で、高エネギーについて実験している研究者に協力したことがある。その研究者は、時間に逆行する素粒子(Particle Traveling backward to Time) を発見していた。

私が参加した実験の目的は、素粒子に意識があることを、証明することだった。6ヵ月調査して、得られた実験データは、学会や公式サイトで発表されたので、知っている人もいるかも知れない。

実験の結果、素粒子は意識を持っていて、交信も可能だった。

原子の泡のなかに捕らわれている、蛍光発光している素粒子の意識にコミュニケーションすると、発光をＯＮ、ＯＦＦして交信を返してくるのだ。

また数学的な理論に基づいて、数学的な質問をすると、知的に反応して答えを返してくることがわかった。

第2章 未知の超常体験で目覚める

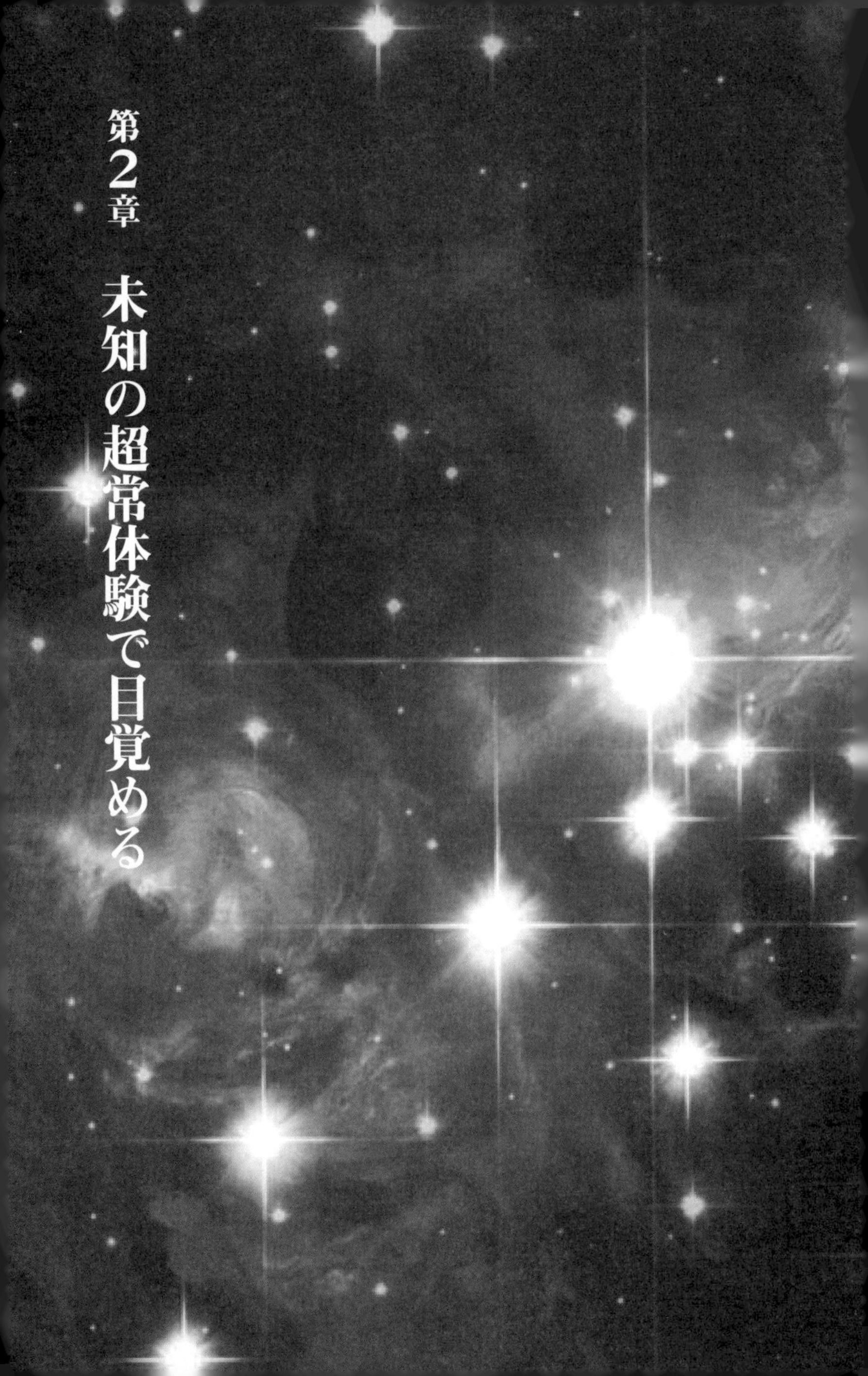

リモート・ヴューワーのサイキックな子ども時代

サイキックな能力の高い人のほとんどが、幼い頃に虐待を受けた経験があるという事実が報告されています。

大人の暴力から身を守るために、大人の考えていることを読んだり（テレパシー）、先々に起こることを予測したり（予知）、自分で自分のケガを癒したりする（ヒーリング）能力が高まると言われているのです。

幼い頃の超常的な体験について、ジョーは次のように語っています。

私は、幼い頃からサイキックな子どもだった。

子どもの頃からいろいろな出来事が、実際に起こる前に見えていた。また、他人の状態、状況を認識できたり、感じたりもできた。遠いところにいる人や、そこで起こることを感知することができ、いままさに起きようとしていることや、起きたことのイメージが得られることもあった。

また私は、物質のサイコメトリーをすることができる。物体を手にしたり、物体に近づくだけで、その物体の由来や、それにまつわる人々の過去・現在・未来に関する情報を得ることも不可能ではない。

それからヒーリングもできるので、いつも痛みをコントロールすることができる。それには、ただ感情や肉体的な痛みを手放せばいい。

しかし、そういったサイキックな能力が、子どもを辛い目にあわせることがある。

私にはマーガレットという名の双子の妹がいたが、彼女も私と同じようにサイキックな子どもだった。私たちには、ほかの人には見えないものが見え、二人は言葉を交わさなくてもテレパシーでコミュニケーションすることができた。

幼い頃、神秘体験について分かち合えるのは、この双子の妹だけだった。夜が明けるまで二人で神秘体験について話し合ったこともあった。私たちはずっと、サイキックな体験を二人だけの秘密にしていた。

けれども、一六歳の頃、マーガレットはそれを両親やほかの人たちと共有すべきだと決心した。彼女が超常的な体験や幻影を、まわりの大人たちに話したことは大きな誤りだった。

彼女は精神病院に連れて行かれ、薬物を投与されるようになった。最初はうつ病と診断されたが、医師が処方した薬の副作用は、次第にマーガレットの心と身体をむしばんでいった。

薬のせいで、彼女は本当に精神病となり、やがて心臓病を患い、亡くなってしまった。

私は超常的な体験や能力について、人に話すとどういう目にあうか知っていたので、人には一切言わなかった。

伝統的なキリスト教社会では、サイキックな話はタブー視されていました。教会では、昔からサイキックな能力者を「悪魔」や「魔女」として怖れ、非難したり、排除しようとしたりしてきたのです。中世の魔女狩りでは、そうした存在をリンチしたり、処刑したりしましたが、現代ではその代わりに、精神病院に入れて社会的に抹殺するのです。

大人たちを驚かす子どもの不思議な能力

ジョーが自分の能力や、超常的な体験について話さなかったのは、賢明な判断でした。幼い頃の私に、ジョーほどの賢明さがあったら、あれほど辛い思いをしなくても済んだでしょう。

ごく幼い頃、父を激怒させたときのことはいまでも鮮烈に記憶に残っています。

小学校にあがるか、あがらないかの頃だったと思います。

「あのおじちゃん、もうすぐ死んじゃうよ」

「なんてことを言うんだ、バカなこと言うんじゃない！」

しばらくして、その人が本当に亡くなると、父は気味悪がってますます不機嫌になり、私にあたりました。数週間前にはピンピンしていて、とても死にそうになかった人が、幼い子の予言めいた言葉の通り、本当に亡くなるのですから、驚くのは当然でしょう。

私には、父の理解を超えた現象がよく起こりました。その都度、父はものすごい剣幕で私を叱りました。父から見れば、私は異常な子どもだったのです。

少しでも、超常的な現象に理解のある親だったら「まわりの人がびっくりするからそんなことを言ってはいけないよ」と優しく諭すこともできたでしょうが、父にはそういった知識は皆無でした。そういうことが現実に起こり得ることを、信じてもいなかったのです。

父にわかってもらえないことは、幼い私には辛く悲しいことでした。父は、私が周囲の人を気味悪がらせるのを避けたかったのかもしれませんが、それ以前に、父自身がひどく混乱していたような気がします。

事実を受け入れられないとき、人はそれを頭から否定します。人の生死に関わることならなおさらです。

でも、幼い子どもが、大人の理解を超えたことを口にすることは、けっして珍しいことではありません。幼稚園にあがる前くらいの子どもが、自分が母親のお腹のなかにいたときのことを話すことはよく知られています。たとえば、こんな話があります。

「○○ちゃん、ここに来たことあるよ。ママがパパと二人でお出かけしたとき、○○ちゃんも一緒にここに来てママとパパのこと見てたんだよ」

それを聞いた両親は、びっくりした表情で顔を見合わせます。

あるいは、もっと昔に起きた、到底知るはずのないこと——前世の記憶——としか考えられないことを話すこともあります。こういった事例については、研究者たちが収集した信頼できるデータも存在します。

しかし、大人にこういった知識がないと、子どもを叱りつけるしかできません。子どもの心は深く傷つきます。理解がないというのは、とても残酷なことなのです。

この世に生を受けたことが奇跡

困難な子ども時代は、母親のお腹のなかに、私の命が芽生えるのと同時に始まりました。

母は一九歳という若さで私を身ごもりました。私の命が母親のお腹に宿ったとき、医師は「出産は諦めてください。産むとあなたの命はないですよ」と言ったそうです。

医師は、妊娠の継続・分娩により、母の命が危険にさらされると判断し、「母体保護法第一四条」に基づき、人工妊娠中絶を勧めました。

しかし、母の「何があっても宿った命を育む」という決意は変わりませんでした。

もともと虚弱体質だったという母の、どこにそんな勇気とエネルギーがあったのでしょうか。

母は、妊娠中も満足に栄養を取れないような状態だったと聞いています。激しいつわりのせいで、口にすることができたのは、果物ぐらいで、夏場はすいかを食べるのがやっとだったそうです。

「どうしても産みたい」という母の決死の願いのおかげで、私はこの世に生を受けました。

しかし、出生時の私の体重は、二〇〇〇グラムしかありませんでした。月足らずで生まれた未熟児だったのです。そのうえ、極端に栄養状態の悪いなかで育ちました。

ひどい難産の衰弱から、母は二度と健康を回復することもなく、長い療養生活を余儀なくされることになりました。母の入院していた病院は遠隔地にあったので、私がハイハイをしたのも知らないまま、ずっと病床に伏していました。私は、母親に抱かれることもなく、胸のぬくもりを知らぬまま、温かい母乳の代わりに米のとぎ汁を飲んで育ちました。

もともと未熟児で生まれた私は、栄養のバランスが悪いこともあって、身体の発達が極端に遅れていました。私は一人っ子でしたから、母を除いてたった一人の家族である父親は、いつも仕事で忙しく、十分に幼い私の面倒を見るのは大変だったのでしょう。

中学校に入る頃、私の身長はやっと一二〇センチを超えたくらいでした。現在の一二歳女子の平均身長は一五二センチです。一二〇センチといえば、七歳児（小学校一年生）の平均身長です。

身長順に並ぶときはいつも一番前です。私の背があまりにも小さいので「あなた小人症じゃないの？」と先生に言われたことがありました。それを聞いて、私は小さい胸を傷めたものでした。

母はずっと病床に伏していましたから、家では父と二人きりでした。父の会社は自宅のある京都から三〇キロメートルほど離れた大阪にあり、帰宅が深夜になることも珍しくありませんでした。

仕事で疲れ切って帰ってきた父を待っていたのは、泣き虫の幼い私です。愛する妻はいません。

私が生まれたとき、二十代前半のまだ若かった父にしてみれば、私が泣いてもどうしていいのかわからず、いらついていたようでした。

父の悲しみもわからず、無意識に母を求めてか、庇護してくれる対象を求めてか、私は泣いてばかりいました。

いまでは甲斐甲斐しく、赤ん坊のおむつを替えたりする父親は珍しくありませんが、私が小さい頃はまだまだ、父親が上手に子育てを楽しむという時代ではなかったように思います。たまりかねた父は不機嫌な恐い顔をし、声を荒げ、大きな声でよく「うるさい！」と怒鳴りました。ときには手をあげることもあり、私の鼻から飛びちった鮮血が、畳を染めることもありました。

ですから、物心ついて最初に私が覚えたことは「父の怒りからどうやって逃れるか」ということでした。

叱責の心配がないときは、独りぼっちのときでした。父は仕事が忙しいときは、大阪の会社に泊まることもありました。近所付き合いもほとんどなかったため、私はごく幼い頃から、誰もいない家で、一人で夜を明かすこともありました。

私がこんなふうに幼い頃のことを物語るのは、父を非難するためではありません。

やり場のない思いを抱えて、泣きたいのは父のほうだったでしょう。当時の父は人生経験も浅い二〇代の若者だったのです。もっと人生経験を積み、自制心も備わった年頃ならいざ知らず、血気盛んな年頃の父に、ほかにどうする術があったでしょう。

IQ180プラスアルファの天才児。でも先生の評価は低かった

小学校にあがると、いつもカンニングの汚名を着せられました。

「植田、計算式も書かないで、なんで答えがわかったんだ！　カンニングしたんじゃないのか。正直に言いなさい」

問題を読むとすぐに答えがパッとわかってしまったため、途中の計算の仕方を示さないで答案用紙に答えだけを書いてしまうことがよくありました。答えは全部正解でしたが、計算式が書かれていないために、テストのあとで先生に呼びだされ、カンニングしたんじゃないかと問いつめられました。

子どもの私には、どうして答えがわかったかを説明することができませんでした。どうしてだと詰め寄られても「だってわかったものはわかったんだもん」としか言いようがないのです。先生はひどく逆上して言いました。

「お前バカか。計算の仕方がわかってないのに、答えがわかるわけないだろ。ウソをつくのもいい加減にしろ！」

そのせいで、算数の点数が0点ということもありました。

こんな先生とのやり取りに、私は完全に学習意欲を喪失し、本ばかり読むようになっていまし

た。教壇のほうを向いてはいますが、先生の話はほとんど聞いていません。聞いていても、聞かなくても答えがわかるので同じです。

右脳教育が広く世間に知られるようになってからは、私のような子どものことが理解され、もてはやされるようになりましたが、それは私の小学校時代から二十数年もあとのことでした。

私は小学校に入ったときにＩＱ（知能指数）が一八〇プラスアルファという結果でしたが、テストの成績に関係なく、私の通信簿は本来の学力よりも明らかに低いものでした。

小学校低学年のとき、すでに担任をはじめ、先生たちには失望していました。彼らもやはり自分の理解を超えた現象を受け入れられなかったのです。私は、親や学校など社会に受け入れてもらえるように、そういう能力を封印していたため、だんだんと能力は失われていきました。これを再び開くには、トレーニングが必要でした。

世界には、ＩＱの高い子どもたちの能力開発や、教育研究を盛んに行っている国もあります。アメリカでは、そういった子どもたちの教育プログラムのことを、ギフテッド教育と言い、すでに何十年もの歴史があります。

特殊な才能を伸ばす教育に関しては、日本はまだまだ遅れているようです。

有名受験校の先生と親たちとのあいだで行われていたこと

私の通信簿は、いつも実際の学力よりも低くなっていました。

当時の通信簿は絶対評価ではなくて相対評価でした。クラスの生徒の人数に応じて、1から5までの評価を配分する割合が決められていたので、テストの点数に関わらず、どうしても低い評価を受ける生徒が出ます。

私が通っていた学校は有名受験校で、京都市内から学業優秀な子どもたちが集まっていました。教育熱心な良家の子どもたちですから、みんな学校が終わると親が車で迎えにきて、学習塾やお稽古ごとに通います。

どの子もテストでは高得点を取りますから、先生にしてみれば、点数だけで甲乙つけるのは難しかったのでしょう。もちろん全部の先生ではありませんが、子どもたちの通信簿が保護者からの贈り物や接待に左右される傾向があったことは、非常に残念なことです。

いまではすぐに問題になりそうですが、そういったことが当たり前の時代でもありました。先生への接待やつけとどけがものを言う時代だったのです。

うちは母が病床に伏していて、自分の仕事のことで精一杯の父には、とてもそんな気はまわりませんでした。そのうえ私は先生の話を聞いていない、先生の理解を超えた変な子、異常な子です。だから、つい低い評価をつけたくなる存在だったのでしょう。小学校一年生のときにそのことがわかって以来、大人への不信感を抱えながら学校へ通うのは地獄でした。

そんななか、私は本の世界に逃げ場を見つけるようになりました。小中学校の頃の私にとって、唯一の友だちが本だったのです。学校の図書室の本は禁帯出のもの以外、ほとんど借り出して読みました。

母のいない私は、小学校一年生になる頃には、掃除や洗濯や食事の準備もすべて自分でやらなければなりませんでした。地域の学校ではなく、有名受験校に在籍していたので、通学には片道一時間半かかりました。

近所に友だちもいないので、いつも独りぼっちです。ほかの子がみんなで連れだって遊んでいる様子や、夏には揃いのはっぴを着てお祭りに出かけていく姿を、遠くから眺めて過ごしました。

でも、家事をやらなければいけないことよりも、仕事で疲れていらいらした父にあたられるよりも、独りぼっちの孤独感よりも、何よりも一番辛かったのは、学校の先生が当たり前のように不公平な評価をしていることでした。

先生を助けたかったのに、気味の悪い子と言われた

それから、小学校高学年の頃には、「泥棒」と呼ばれて、ものすごい剣幕で怒鳴られたこともありました。

あるとき、教室からお金がなくなる事件がありました。先生は「叱らないから、盗んだ者は正

直に申し出るように」を繰り返し、自首を促しましたが、誰も自分だと言わないので、下校時刻がとうに過ぎて、暗くなっても帰れませんでした。私には誰が取ったかも、どこに隠してあるかもすぐにわかったので、困っている先生を助けようと思いたって職員室へ行き、こっそり先生に伝えたのです。

「先生、〇〇さんだよ。お金はトイレの掃除道具入れのなかに隠してあるよ」

先生は調べに行ったトイレから戻るなり、私の腕を鷲づかみにしました。職員室で待っていた私の耳に飛び込んできたのは「植田、なんでそんなこと知ってるんだ！　お前だろ、取ったのは！」という怒鳴り声でした。でも、どうしてわかるか説明のしようがないので、どうすることもできません。

結局、翌日母親に付き添われて登校してきた生徒の自白によって、真犯人がわかって濡れ衣は晴れましたが、今度は気味悪がられるようになりました。なぜ、私がそれを知っていたかがわからないから恐かったのでしょう。

先生だけでなく、クラスメイトたちも、私を気味悪がりました。

人には、口で言っていることと本心から思っていることが違うときがあります。たとえば、誰かが「〇〇ちゃんと私は親友だよね」と言っているとします。そういうとき、その子の本心「本当はあんたなんか大っきらい」という言葉が聞こえてきて、私は思わず「ウソばっかり」と言ってしまうのです。

そのようなことが何度かあると、やがてみんな私を避けるようになりました。

そのうえ、私が通っていた有名受験校で、中学三年まで生き残るためには熾烈な競争を勝ち抜かなければなりません。成績が悪い生徒は無情にも足切りされて、全京都から選抜された優秀な生徒と入れ替えられるのです。生徒たちは、中学校を卒業するまで、足切りのプレッシャーと戦わなければなりませんから、他人のことを思いやる余裕のある子など、あまりいないのです。

環境が変わればまだ救いがあったかもしれませんが、小・中学一貫校で、一学年は三クラスしかなかったので、いったん変な子のレッテルが貼られたら最後でした。

でも、いまとなっては、先生やクラスメイトたちを責めるつもりはまったくありません。当時の私には要領よく生きるコツがわかりませんでしたし、彼らも私を理解することができなかったのですから仕方がないのです。

いまは、仮に相手の不正や不都合なことが瞬時にわかっても、それを知らないふりをすることができるようになりました。誤りも含めて相手を受け入れること、これも一つの愛のかたちです。

また、私が直接相手にそれを伝えなくてもいいのです。なぜなら、創造主の大いなる計画のもとでは、不正や誤りでさえも、学ぶために必要なプロセスである場合があるからです。

ただ、私がここで伝えたいことは、子どもの言動に理解できないことが見られたとき、周囲の大人たちに少しでも理解力があれば、ジョーの双子の妹さんのケースのような不幸なことは起こらなくて済んだということです。「理解がない」ということは、ときとして人を、死に追いやることさえあるのです。

正しい情報を伝えたために誤解されることもある

子どもの頃の私のように、超常的な知覚能力が誤解されると、辛い思いをすることになります。

このことは、リモート・ヴューワーにも共通しています。

そのため、誘拐事件や、殺人事件などの捜査に絡むリモート・ヴューイングの依頼のときは、ジョーも慎重にならざるを得ないそうです。

ジョーには、過去にこんな苦い体験があります。

子どもの誘拐事件が発生し、警察の大掛かりな捜査にも関わらず、子どもの発見や犯人逮捕につながる有力な手がかりが見つからないケースがありました。いたずらに日数ばかりが過ぎていくので、子どもの家族からジョーに依頼がありました。

ジョーがリモート・ヴューイングでその子を捜してみると、残念なことに子どもはすでに死亡していて、遺体は森のなかにありました。

それを家族に伝えるのはとても辛かったそうです。

しかし、子どもの遺体を一刻も早く、親のもとに返さなくてはなりません。

犯人の顔も見えたのでその特徴と、遺体発見につながる森の描写や状態などを細かくスケッチして、家族に渡しました。

家族は警察に行き、その森を捜査してくれるように頼みました。

家族の願いも空しく、警察はなかなか相手にしてくれませんでした。

しかし、警察も捜査に行き詰まっていましたので、その森を調べたところ、ジョーのスケッチ通りの形態で犠牲者の遺体は発見されました。

ところが困ったことに、ジョーが警察から事情聴取されることになりました。犯人しか到底知り得ない詳細を、ジョーが知っていたからです。ジョーは犯人ではないか、と疑いをかけられました。うんざりするほど時間をかけて、警察に説明をしなければなりませんでした。

間もなく犯人が逮捕されたので、この問題は解決されましたが、この一件から、ジョーは警察の依頼を受けないかぎり、事件捜査には、動かないことにしたのだそうです。

リモート・ヴューワーが、警察と連携すれば、犯人逮捕や事件の解決はもっと早くなり、多くの人が恩恵を受けることができるのに、理解がないばかりにそれが阻まれているのです。

しかし、いずれ社会の理解が進み、能力のあるリモート・ヴューワーが増えれば、日本でも犯罪捜査にリモート・ヴューワーが活躍することは可能だと思います。ぜひ、そうなってほしいものです。

急激な成長で激痛におそわれる

小学校の頃の私が、先生やクラスメイトからのいじめの対象となったのは、人並み外れて背が低かったことも関係していたかも知れません。でも、いまの私は、身長一六〇センチを超え、同世代の女性の平均を上回る体格です。

中学校にあがったとき、一二〇センチしかなかった私の身長は、急速に伸びはじめ、中学二年生のときには、一年間で一七センチも伸びました。そのとき、私の脚には、妊娠線のような横縞の線が幾本もできました。ぐんぐん骨が伸びるのに脚の肉と皮膚の成長は追いつかず、骨に引っ張られて、そのような線ができてしまったのです。

急速に骨が成長するときの痛さといったらありません。骨は夜寝ているときに成長するといいますが、寝ている最中に成長痛で飛び起きてしまうのです。体のあちこちが痛くてたまらず、まともに体を動かすこともできないこともありました。

父に病院に連れていってもらうと、医師は私を脊椎カリエスと診断しました。脊椎カリエスといえば不治の病ですから、そのときは父も愕然としていました。

しばらくしてから、それは誤診と判明したのですが、医師が脊椎カリエスと判断してもおかしくないほどの激しい痛みだったのです。

中学校から高校にかけて、こんな調子で私の身長は伸びつづけ、成人する頃には一六二センチまで伸びていました。

身長が伸びたのは、家庭科の授業や本を読み、栄養に関する知識を身につけたことと、中学校に入って部活を始め、運動してたくさん食べるようになったことが要因だと思います。

もっと早く身長が伸びていれば、小学生の頃、小さいことが原因でいじめにあうこともなかったでしょう。

でも、いまとなっては、「人並み」でなかったことに感謝しています。なぜなら私には、体の欠点を苦にして悩み苦しんでいる人の気持ちがよくわかるからです。人間は、自分が身をもって体験した以上のことはなかなか理解できないものです。痛みや苦しみを自ら経験したことがない人は、他人の辛さを心から理解することはできないのではないかと思います。

人と異なる体の特徴など、どこかほかの人と違っていることが元でいじめにあい、学校社会に適応できなくなり、学校へ行かなくなり、引きこもって部屋から一歩も出なくなる子どもたちがいます。さらには、自殺という最悪の手段に走る子どもたちもあとを絶ちません。

子どもたちの自殺の増加に対し、大人たちは「とても理解できない」といいます。

でも、理解できないのではなくて、理解しようとしないのではないでしょうか。

自分の理解を超えた人や現象にあったとき、多くの人は、頭ごなしに否定したり、気味悪がったり、あるいは無視したりします。でも「これはいったいどういうことなのかな」と考え、それまでの自分の見方を押し広げ、理解しようとする心をもてば、その人の成長にもつながります。

その意味では、いままで知らないことに出会うことは、大きな成長のチャンスなのです。

幼少期の苛酷な経験とサイキックな能力との関係

超能力者の多くが、子どもの頃に深刻な虐待を受けた経験があることから、超能力を研究する科学者たちは、超能力は、生存本能に起因するものではないかと考えているようです。

ごく幼い子どもが、まともに大人の暴力を受けたら、いつ死んでもおかしくありません。そのため、生存本能の働きにより、通常にない知覚が発達するのだと言われているのです。

ジョーの子ども時代は、母親からの虐待や貧困地区に蔓延する犯罪から身を守るための闘いだったそうです。スラム街のような貧困地区では、毎日学校に通学するだけでも一苦労で、生きのびるためには、五感を超えた能力を発達させざるを得なかったというのです。

そのうえ、ジョーにはマーガレット、マリー、エリザベス、キャスリーンという四人の妹がいて、子どもの頃から妹たちを守らなければならないという強い責任感ももっていました。

これに対して、私は別の仮説をもっています。

サイキックな子どもは、もともと人と違う能力があるがゆえにいじめられたり、暴力を受けたりすることもあるのです。だから、虐待という外部からの影響は、たまたま生得的な能力を引き出すように作用したのにすぎないとも考えられます。

なぜなら、虐待という条件があっても、サイキックな能力が芽生えないケースも圧倒的に多いからです。虐待を受けて人生をはかなんで自殺する子どももいれば、虐待を受けたことが原因で人を恨んだり憎んだりすることでしか生きられない人もいるのです。

そのため私は、虐待とサイキックな能力を、単純に結びつけないほうがいいのではないかとも考えています。

それからもう一つ、科学的には説明できないけれども、強く印象に残っている出来事があるので、紹介しておきます。

私が三〇代後半の頃、たまたま訪れた千葉県のある神社の境内で、一人のおじいさんが落ち葉を掃除していたので手伝ってあげたことがありました。そのおじいさんは神社の宮司さんで、掃き掃除が終わると、お茶をごちそうしてくれました。

そして、おじいさんはおもむろに「あんたは神のご用をする人間だね」と言いました。

私はなんのことだかわからずに、お茶を飲む手を止めてまじまじとおじいさんの顔をのぞき込みました。おじいさんは話を続けました。

「神は、こいつを使おうと思ったら、小さいときにさんざん試練を与えるんだよ。試練にあって、曲がったりへこんだり歪んだり、耐えきれない人間は使わない。試練に耐えて、真面目にまっすぐ生きてきた人間を自分の手足として使うんだ。あんたはそういう人間だね」

初対面ですから、そのときはわけがわからず「変なことを言う人だな」と思っていました。

でも、ずっとあとになってあの言葉を思い出し、おじいさんの言うようなこともあるのかもしれないと思うようになりました。

母のお腹のなかにいる頃から、私はいつ死んでもおかしくなかったのです。未熟児で栄養不良で、誰からも理解されず、いつも独りぼっちだったのですから。

そんな私が、いまこうして生きていられるのは、科学では説明できない「天命」のようなもののためなのかもしれません。そう考えると、幼い頃の私に起きた苦しい経験も、感謝以外の何ものでもありません。

私はこの世に生を受けたことへの感謝の気持ちから、創造主の手足となることを魂にかけて誓ったことがありました。それは、急激に黄疸が進み、臨死体験にも似た朦朧とした意識のなかでのことでした。おじいさんの言葉は、私にその誓いを思い出させることになったのです。

ジョーを変えた二度の臨死体験

超能力による諜報活動のプロジェクトが始まったとき、最初にリモート・ヴューワーを選ぶにあたり、スキップは臨死体験の有無について聞きました。

なぜなら、たくさんの臨死体験者が、蘇生後、それまでにない超常的な能力が芽生えたと証言しているからです。臨死体験をきっかけに、物理的には見えないはずのものが見えたり、聞こえないはずの音や声が聞こえたり、未来に起こることが予測できるなど、直感力が鋭くなったりする人が多いのです。また、それまでとは人生観が大きく変化し、生き方が変わったという証言も数多く報告されています。

ジョーも、一九七〇年代のはじめの頃に、ヨーロッパとタイでそれぞれ一回、計二回の臨死体験をしています。

最初の臨死体験は、ベトナム戦争から帰還し、次に配属されたヨーロッパで起きました。

約三年間のヨーロッパ勤務のあいだに、ジョーはヨーロッパ各地を転々とし、アメリカとは異なる生活様式や文化に触れたといいます。そのことは少なからずジョーの人生観の変化に影響を与えたと思われます。しかし、三年間の異文化体験よりも、わずかなあいだに起きた臨死体験で、ジョーの人生観は、根本的なところからすっかり変わってしまったそうです。

ジョーの著書の読者ならすでにご存じのことと思いますが、そのときのことを簡単に紹介しておきましょう。

あるときジョーは、友人とレストランで食事をしている最中に、けいれんを起こして倒れました。そして、舌が喉に詰まってしまい、呼吸ができなくなり、心臓が止まってしまったのです。ジョーは、自分の心臓が止まっているあいだ、自分の体に何が起きているのかを、不思議な思いで上空から眺めていました。ジョーの肉体が死の淵を彷徨っているあいだ、ジョーの意識は肉体を抜け出して辺りを観察していたと言うのです。

このような状態のことを体外離脱（Out of Body Experience）と呼びます。臨死体験者の多くは、ジョーと同じように、体外離脱を経験することが知られています。

体外離脱の最中に、ジョーはいままで見たこともないような、白くまばゆい光に満たされた空間にたどり着き、突然喜びや平穏や愛の感情で、胸がいっぱいになるのを感じます。

次に、それまでの人生の一瞬一瞬が、ものすごい高速で再現され、生涯を通じて自分が関わってきたすべての人の感情や意図を、理解することができたと言うのです。

それから、誰かを誤解したり、必要とされていたのにそれに応えられなかったことが悔やまれ、それまでにないような強烈な痛みを経験したそうです。さらに、痛みのあと、心は愛の感情で満たされ、魂が洗い清められたかのように感じたとも述べています。

そのあと、ジョーを現実に呼び戻す声が聞こえ、次の瞬間には病院のベッドだったそうです。

蘇生措置が功を奏し、ジョーの肉体は元通りに回復しましたが、この体験を通して、ものの見方や世界観そのものが、すっかり変わってしまったとジョーは言います。死に対する恐怖がなくなり、神、創造主と呼ばれる存在や、超自然的な世界を深く探求するようになったのです。

以来ジョーは、余暇時間のほとんどを、世界中の偉大な宗教家や哲学者の本を読むことに費やすようになりました。キリスト教、ユダヤ教、イスラム教、仏教、儒教、ヒンドゥー教の聖典、ニューエイジ運動の旗手と呼ばれる人たちの著作、ギリシャ古典文学のホメロスやプラトン、アリストテレスの哲学書などを片っ端から紐解いていったのです。

その結果、ジョーの超常的な感性は、それまで以上に研ぎ澄まされていきました。

そして、ヨーロッパの次にタイへ配属されたジョーは、仏教や神話やアニミズムに触れ、超自然的な世界への理解を、いっそう深めるようになりました。

ジョーはここで二度目の臨死体験をします。あるときひどい脱水症状に陥り、瀕死の状態から回復するために、極度の食事制限を強いられ、一時は体重が五九キロまで落ちたそうです。

二度の臨死体験を経て、一九七七年にアメリカに帰る頃までに、ジョーの考え方や価値観はかなりの変化を遂げていたと思われます。

臨死体験や体外離脱を経験した多くの人が、超常的な能力に目覚めると考えられていますが、ジョーの場合は、もともともっていた超能力にいっそう磨きがかかったと言えるでしょう。

臨死体験と言ってもいいかどうかわかりませんが、私にもそれに似た経験があります。

汗でシーツは人型に黄色く染まった

私は二〇代の頃、言語学者になることを目指していました。その目標実現のため、行った先はフロリダ州マイアミにある大学でした。

「さすがマイアミって日射しが強いんだな。ほとんど部屋のなかにいるのに、肌がこんなに焼けちゃった……」

マイアミは亜熱帯気候で、冬でも天気のいい日は海で泳げるほど温かいところです。一年中半袖短パンという格好で過ごせます。

大学の講義が始まったばかりの頃は、オリエンテーションや事務的な手続きやらで忙しく、毎日があっという間に過ぎていきます。アパートとキャンパスを往復しているだけで、マイアミ・ビーチでマリン・スポーツを楽しむ暇もありません。

それでも、肌が小麦色に焼けてしまうのは、よほど日射しが強いのだと思いました。鏡のなかの自分の顔を見て「これが亜熱帯気候ね……」と一人で感心していたのです。

ほどなくして、ただの日焼けにしては様子がおかしいことに気づきました。肌だけでなく、眼球の白い部分まで黄色くなっていたのです。さらに、朝ベッドから起き上がり、白いシーツが人型に黄色く染まっているのを見て、これはただ事ではないと思いました。

私の肌が黄色くなっていたのは、日焼けではなく、黄疸のせいだったのです。黄疸は、血液中や組織内に、胆汁色素のビリルビンが異常に増加するため起こる症状で、肝臓や胆道に疾患がある人に見られます。

ほどなくして、私の体は自分で立ち上がって歩くこともままならないほど衰弱し、トイレにも這っていくような状態になってしまいました。

慣れないマイアミの気候のせいなのか、深刻な伝染病か何かに感染してしまったのか、原因はまったくわかりませんでした。唯一考えられる可能性は、生活環境の変化によるストレスです。

アメリカ最南端に位置するフロリダには、リタイヤしたユダヤ系の大富豪や、有名な映画スターたちの住むプライベート・アイランドがあります。それからマイアミ・ビーチには豪華で趣向を凝らしたホテル群が建ち並ぶ、リゾートのエリアがある一方で、ダウンタウン周辺には中南米からの移民や、キューバからの亡命者、それからハイチからボートに乗ってやってくる難民など、黒人以外の貧困層も住んでいました。とくに、ストリート・ギャングがたむろするダウンタウンは、二〇代の女性が一人暮らしをするのにふさわしい場所とは言えません。

無謀にも私は、キャンパスに近くて便利なのを理由に、治安のよくないダウンタウンの真ん中にアパートを借りて住むことにしました。私が通っていたのは、ダウンタウン・キャンパスでしたから、近くに住めば車をもたなくてもよかったのです。幸いなことに、借りたアパートは住人の質もよく、危険を感じることなく非常に快適でした。

とはいえ、どんなにいいところでも、新しい環境に移れば、誰でも知らず知らずのうちにストレスを受けることもあります。慣れない土地マイアミのダウンタウンで、自分でも意識しないうちに、相当なストレスを受けていたのかも知れません。

私にはお酒やたばこなど、肝臓に負担のかかる習慣はありません。

「短期間でこんなに急に肝臓が悪くなるなんて……」

黄色くなった自分の手を見ながら、私は母方の親族の数名が肝臓の病気を患っていたことを思い出しました。

そうこうしているうちに、私の症状はますます悪化し、呼吸をするのも辛くなってきました。

でも、病院に行こうにも身動きすることもままならないのです。そのまま何時間過ごしたかもわかりません。

このまま動くこともできなかったら、私はいったいどうなるんだろう……。

郷里から遠く離れたマイアミの空の下、死線を彷徨《さまよ》う

私はそのとき、自分が「生」の世界から遠のき「死」の世界へと急速に近づいているのを感じました。すでに他界した母の一族と同じように、私も肝臓を悪くして死ぬのだと思ったのです。もうろうとする意識のなかで、いろいろな思いが脳裏をよぎりました。

「このアパートの管理人のおばさんも、日本人に部屋を貸したばっかりに、面倒なことに巻き込まれて気の毒だな。私がこんなところで死んだら迷惑だろうな。

うちの父は、英語もできないのに、京都からマイアミまで、私の遺体を引き取りに来られるのだろうか。私が英語を学びたいって言ったとき、猛烈に反対して『お前パンパンにでもなる気か！』なんて、ひどいことを言っていたから、やっぱり、英語を学ぶとろくなことがないんだ、力ずくでもやめさせればよかったって思うかも知れないな……」

戦後間もない頃、在日米軍の兵士たちの腕にぶら下がる街娼たちは「パンパン」と呼ばれ蔑視されていました。父の頭のなかでは、英語と彼女たちが結びついていたのでしょう。

高校生だった私が英文科への進学を希望すると、父は猛烈に反対しました。私は、これからは国際化時代だから、英語が絶対に必要だと確信していましたが「英語イコール売春婦」の父には、そんなことを言ってもまったくわかってもらえませんでした。

「じゃあ、なんだったらいいの？」と私が尋ねると、父は「女が学をつけるとろくなことがない。短大へ行って幼稚園の先生にでもなって、さっさと嫁に行くのが女の幸せだ」と言いました。

私は父の言うとおり、自宅から通える京都の短大に行き、卒業後は幼稚園教諭として働きました。私はその間にお金を貯め、父に内緒でイギリスへの語学留学の準備をしていました。

幼稚園で働き、二年ほど経った頃、チャンスが訪れました。

父に内緒で受けた留学試験に受かったのを機に、家出同然でイギリスへと旅立ったのです。

イギリスから帰国した私は、英語教室を始め、大成功しました。

高度経済成長を経て、本格的に国際化が始まろうとしている時代でしたから、日本の英語教育に対するニーズは高まる一方でした。当時は英国帰りの教師など珍しく、私の英語教室には受講者が殺到したのです。

数年後、私は英語教室で貯めたお金を留学資金として、アメリカの大学に行くことを決めました。本格的に言語学を学び、将来は言語学者になろうという夢への道を歩みだすために。

でも、マイアミの空の下、私の体は黄疸に染まり、ベッドからはい出すこともままならなくなってしまいました。

超高速の人生再現フィルム

故郷から遠く離れたアメリカまでやってきて、夢は私の手に届きそうなところまできていました。にもかかわらず、私の命はいまにも絶えようとしていたのです。

だんだんと呼吸をするのも辛くなり、目の焦点も合わなくなってきました。

「私はここで死ぬのか……。私の人生って、なんだったんだろう……」

次の瞬間、それまでの人生で関わった人が次々と私の目の前に現れてきました。それまでのぼんやりとかすんだ視界が、いきなり映画のスクリーンのような鮮やかな映像に変わったのです。

父、母、親類の人々、学校の先生やクラスメイト、初恋の人、イギリスで出会った人々、英語教室の教え子たち……。いろいろな人の顔が浮かぶたびに、そのときに私がもった感情と、相手の感情がありありと再現されていきました。

幼い頃の私は、よくいじめにあっていましたから、傷ついている幼い私の心や、いじめている子の心の痛みまでも、ありありとよみがえってきました。

母のぬくもりを知らない寂しさ、父や先生の叱責と理解してもらえない悲しさ、私の言動に驚き、ヒステリックな反応をする先生たち、奈落の底へ突き落とされるような孤独感……。

でも、傷ついているのは私だけではありませんでした。傷つけようと思っていなくても、知らず知らずに相手を傷つけてしまったことが、私にもあったのです。

人は理解できないことにあうと、驚き、怖れ、自分を守ろうとします。私は、大人たちがそれまで築いてきた世界を壊すような存在でした。そういう大人たちの気持ちも、何もかもすべてが私の胸に迫ってきました。

それまで生きてきた二十何年間分のすべての感情が、ものすごい高速で再現されたのです。それは時間にしたら、数秒か数分か、それすらも定かではありません。ほんのわずかのあいだのことだったと思います。

けれども、その間の体験は、筆舌に尽くしがたいものでした。圧倒的な感情に包まれて、私の目からは涙があふれ出しました。それは大いなる存在からの無条件の愛と、生かされていることへの感謝の涙でした。一人ひとりの顔を思い浮かべて土下座して謝り、感謝の気持ちをそれぞれの人に送りました。

想像したこともないような量の涙と鼻水が目から鼻からあふれ出し、日本製の倍くらいあるアメリカ製のティッシュ・ボックスの中身が、涙と鼻水で全部ぐしゃぐしゃになりました。それが空になってもまだ足りなくて、ベッドのリネンや床まで私の涙でぬれました。

ティッシュ・ペーパーの山を見ながら、しばらく呆然としていましたが、やがて「これでもう死んでもいい」という言葉が口をついて出てきました。

「自分で生きてきたんじゃなくて、生かされてたんだ……。いつ死んでもおかしくなかったのに、死なずにここまで生きてきたじゃない。どんなに辛くても命があってよかったじゃない。これまで私を生かしてくれた存在にすべてを委ねます。もう、いつ死んでも命は惜しくありません。でも、もし命が長らえることがあるのなら、もう私は自分のために生きることはしません。どうか私を創造主の手足として使ってください」

私は、創造主の意志を実現するために生涯を捧げると、自らの魂に誓っていました。そして生まれてから一度も味わったことのないような、すっきり、さっぱりと晴れやかな気持ちに包まれていました。

アパートの前を通りかかった若者たちに命を救われる

圧倒的な感動の余韻に浸ったまま、私は窓の外に目をやり、見るともなく通りを見ていました。私の目は、二人の若者がこちらを見て何か言っているのをとらえ、なんとか焦点を合わせようとしました。

二人は日本人のように見えました。私の部屋は二階にありましたが、彼らは窓から見える私の顔が日本人だとわかって安心し、日本語で私に話しかけてきました。片方の手で電話をかけるジェスチャーをしながら、彼らは電話を貸してほしいと言っているようでした。

私は伝染性の病気の可能性を恐れて、だめだという身振りで答えました。彼らは引き下がらず、両手を合わせておがむような身振りで、もう一度頼み込んできました。

「電話を貸してください。道に迷って、車を停めたところがわからなくて、それにトイレに行きたいんです。お願いします」

私は窓から身を乗り出して、声を振り絞って言いました。

「私、いますごく具合が悪いんです。もしかしたら、伝染性の病気かもしれないので、私に近づかないで。電話ならメイン・ストリートのほうに行けばありますよ」

彼らは私の言っていることが聞き取れないのか、もう一度「電話とトイレを貸してください」と言ってきました。結局、私は断りきれず「ＯＫ」のサインを出して、彼らを部屋に入れてあげました。

あとで聞いてわかったのですが、彼らは英語が話せないので、どうしても日本語の通じる相手である私の家のトイレと電話を借りたかったのだそうです。

彼らはマイアミにある日本人飛行訓練学校の生徒たちでした。日本から自家用機やヘリコプターのパイロットのライセンスを取りにきていたのですが、こちらに来てまだ間もなく、道に迷って困っていたのです。彼らは私の部屋から飛行学校の教官に電話をして迎えに来てもらうと、私の病状がひどいことを教官に伝えました。

教官はまず駐車場に二人の生徒を連れていき、飛行学校の宿舎まで帰る道を教えました。二人は、自分たちで車を運転して宿舎へと帰っていき、教官は私を病院に連れて行ってくれました。

病院に行ったら行ったで、今度は別の不安でいっぱいになりました。そのとき私はアメリカの健康保険に入っていなかったので、ものすごく高い治療費を取られることが心配だったのです。

ところが診察が終わってみると、驚いたことに、医師は私の症状に効く薬も治療法もないと言いました。そして、薬を処方する代わりに、次のように言いました。

「入院する必要もないし、薬もないから、とにかく家に帰ってゆっくり休みなさい。肉や脂っぽい食べ物を控えて、野菜中心の食事をして、それから絞りたてのさとうきびのジュースを一日二〜三リットル飲むこと」

狐につままれたような気持ちでした。親切にも飛行学校の教官は、私を車に乗せてさとうきびのジュースと、野菜中心の食事の材料を買うのを手助けしてくれて、私をアパートまで送り届けてくれました。

医師の言うとおり、私はさとうきびのジュースを飲んで安静にしていました。電話を貸してあげた飛行学校の生徒さんが食事を届けてくれたりして、そうこうしているうちに黄疸は消え急速に体調はよくなりました。

自分でマイアミの空港まで行って、航空機に乗れるような状態になると、すぐに日本に帰って、京都の国立病院や日赤病院など、数カ所の医療機関で検査をしてもらいました。検査の結果、どの病院でも、いかなるウイルスも伝染性の病原菌も見つかりませんでした。医師からは「本当に黄疸が出たんですか?」と言われるくらいでした。

以来、私は健康そのもので、出産と歯医者と健康診断以外で病院のお世話になったことはありません。

急激な肝機能の低下が引き起こした精神錯乱か？

結局、いまでもあのときの病気の原因はわからずじまいです。自己免疫性の肝炎で一時的に肝機能が低下したとか、そういった可能性も考えられなくはないと思いますが、医学的に確認したわけではないのでよくわかりません。

それにしても、もうろうとした意識のなかで、突然目の前に映し出された超高速の人生再現フィルムはなんだったのでしょうか——。

気になって仕方がなかったので、そういった経験について書かれた本はないかと思ってあちこち探しました。そして、臨死体験に関する研究報告のなかに、私が視たのと同じような超高速の人生の再現フィルム（人生回顧）のことが書かれているのを見つけました。

神経生理学的な研究によれば、このような体験が起こるのは、脳内の化学物質の変化によるものと考えられています。

臨死体験のとき、心臓や肺の働きが一時的に停止すると、脳は低酸素、低血流、低血糖状態になります。こうした条件が揃うと脳神経細胞が破壊されはじめます。脳内には、これを阻止するための防衛メカニズムがあり、それは脳内麻薬エンドルフィンや麻酔薬ケタミンに似た脳内物質だと言われています。脳内麻薬エンドルフィンには鎮痛作用と快感作用、脳細胞の破壊を防ぐために生じるケタミン様物質には防御作用があります。

脳内が酸欠になることで起きる高炭酸血症や、薬物による幻覚作用でも臨死体験に似た現象がみられることから、こういった脳内の化学物質の変化が、臨死体験を引き起こしているのではないか、という研究者もいます。

一方、肝硬変などで肝機能が極端に低下すると、精神に異常をきたし、言動がおかしくなったり、錯乱状態になることもあるといいます。

私のケースでも、短期間のうちに黄疸が進行したことから、急激に肝機能が低下したことは間違いありません。その結果、酸素やブドウ糖など、脳に必要な栄養が送られなくなり、臨死体験に類似した脳内物質の変化が起きた可能性もあるのではないでしょうか。

意識がもうろうとしてきて「いよいよか……」と死を覚悟したとき、急激な肝機能の低下により、私の体は限りなく臨死状態に近づいていたのかもしれません。

そして、すべてを洗い流すような大量の涙。それは、浄化の涙でした。

数秒か数分かもわからないわずかの時間に起きたその体験によって、私は喜んで創造主の手足となることを誓ったのです。

臨死体験者が見る映像や体験は、幻覚・幻聴にすぎないという人もいます。でも、私は、臨死体験が幻覚であろうと、なんであろうと関係ないと思っています。

臨死体験をした多くの人が、深く心を打たれ、精神的な成長を遂げ、よりよい人生を送るようになります。それは、死というものを体感することによって、死への恐怖、肉体から離れることへの恐怖がなくなるためではないかと思われます。私自身、完全に愛され、許され、生かされている実感をもってから、死ぬことへの恐怖心がなくなりました。

ですから、脳内現象（幻覚）であるかどうかは、さほど重要な問題ではありません。

仮に脳内現象であったとしても、国籍を問わず老若男女、世界中の何百何千という人が、臨死状態のときに同じような映像を目にしたり、共通の体験をしたりしているということは注目に値します。さらに、臨死体験ののち、超常的な能力に目覚めた、生き方や価値観が変わったなど、共通した証言が報告されているのです。

たとえ幻覚であったとしても、その体験には深い意味を見出せるのではないでしょうか。


「死」に直面することで、人はよりよく生きることを学ぶ

ジョーも、臨死体験によって、死ぬことへの恐怖がなくなったと言っています。しかし、このことは、生きることに無関心になることとは違います。むしろ、よりよく生きるためにどうしたらいいか、それまで以上に真剣に考えるようになったようです。

ジョーは「死」について、次のように語っています。

人生において「死」と向き合うことや「死」を身近に感じることで、いかに生きるかを考えることには大きな意味がある。しかし、自分や人がいつどこでどんなふうに死ぬかを知ることには、ほとんど意味がない。

私自身は「死」に、なんの恐怖心ももっていない。なぜなら死は単に「移行」にすぎず、ドアを通りぬけて歩いていくようなものだと理解しているからだ。だから「恐怖心をもつことはない」と思う。

とはいえ、誰しも自分の死について知りたいという気持ちや好奇心はあるだろう。たとえば、私がこう予言するとしよう。

「あなたの家の近くにある、コンビニ横の信号をわたった場所が、あなたの死ぬところです」

相手は私を疑わしい目で見て「いつ？」と聞くだろう。

そこで私は死ぬであろう日を言う。相手は死ぬであろう日は、コンビニ横の信号が働かないか、何かだと思い、毎日とても注意深く見るだろう。

私たちは自分が死ぬであろう場所のすぐそばを、毎日歩いている。死は、毎日の暮らしと隣り合わせのところにあるのだ。

しかし「死」について知ることが、そんなに重要なことだろうか？

これから先の五分間に、何をするかが重要なのに、誰も「何をすべきか」「どう生きるべきか」「人間関係のなかでどのように振舞うべきか」を尋ねない。多くの人が、「死」について知りたがるが、いかに「生きる」かを尋ねることはほとんどないのだ。

しかし本当は、生きているあいだに何をすべきか、あなたが出会う人々との関わり方、そして社会や地球のことをもっと考えるべきだと私は思う。

これからあなたが関わる人々のなかには、世界のリーダーになる人物がいるかも知れない。彼らはいまはまだ少年かも知れない。しかし、二〇年後には、戦争で世界に火をつける人物かも知れないし、平和の火を灯す人物かも知れないのだ。


臨死体験者の多くは、限りなく「死」に近づくことにより、よりよく生きるための大きな気づきを得ます。それは、人生を決定づけるような魂の深いレベルの気づきです。

そして、それは私にも起こりました。

もし、あのときの、不思議な黄疸現象が起こらなかったら、いまの私はなかったでしょう。

臨死体験者が言うガイド、創造主、光の存在とは？

臨死体験者の証言のなかには、他界した肉親や配偶者や恋人、恩師などと再会したという話がよく聞かれます。

臨死体験者は愛する人との再会に歓喜しますが、その人から「お前はまだここへ来てはいけない」と言われます。別れ際に「目には見えないけれど、いつもお前を見守っている」と言われ、圧倒的な感動に包まれるそうです。

このように、いつも見守ってくれている存在のことを、ガイドとか守護霊と呼ぶ人もいます。また、神とか創造主と呼ばれるような存在にあったと言う人もいます。それをイエス・キリストや聖母マリア、ブッダや阿弥陀如来など、特定の宗教の聖人のようだと表現する人もいれば、人間のかたちをしていなくて、ただ光の存在とか、生命エネルギーと表現する人もいます。

私が死を覚悟したときに、人生再現フィルムのあとで感じたのも、私を見守っている創造主というか光のエネルギーの存在でした。

いずれにしても、そういった存在に触れた臨死体験者は、それまで味わったこともないような感謝と敬虔な気持ちとともに、えもいわれぬ恍惚感を味わいます。

さらに、瀕死の重症から奇跡的に一命を取り留めた人の体験談として、自分の欲求やエゴを捨て、創造主の手足となって世のため人のために生きることを誓い、実際に生き方が変わったという話もよく聞かれます。

たとえば、彗星捜索家の木内鶴彦さんもその一人です。木内さんは、子どもの頃から星や宇宙の神秘に魅せられていて、自作の望遠鏡をつくっては星を眺めていたそうです。成長とともに宇宙への憧れはますます高まり、天文同好会に熱中した学生時代を過ごします。

やがて、空への想いから航空自衛隊へ入隊し、私と同じディスパッチャーの任務につきますが、二二歳のときに臨死体験をします。そのとき木内さんは、人生最大の喜びは、地位でも名誉でも富でもなく、自分の能力を最大限に活かすことができたときに得られる充実感だと気づき、その方法は「彗星捜索」だと確信したそうです。

彗星捜索を自分の生涯の使命と考えるようになった木内さんは、郷里の長野県南佐久郡臼田町に戻り、昼間は生活のための仕事をしながら、夜は山に登って天体観測を続けます。

木内さんは、数年間で次々と四つの彗星を発見しましたが、彼を世界的な有名人にしたのが、一九九二年九月二七日のスウィフト・タットル彗星の発見です。これは大変な偉業で、一九九三年には、国際天文学連合よりその業績を認められ、小惑星は「木内（Kiuchi）」と命名されます。

この発見がきっかけとなり、木内さんは全国で、天文や環境問題についての講演会や天体観測会を行うようになり、光害とそこから派生する自然環境破壊を訴えています。木内さんにとって、星空への願いと、地球を守ること、人間の生き方は一つのものだといいます[註1]。

また、環境保護運動や発展途上国への支援運動を行っているNPOの「ネットワーク『地球村』」の高木善之さんも、生き方の変化を経験した人の一人です。彼は松下電器のエリート社員であると同時に、オーケストラの指揮者としても知られていました。

高木さんは、あるとき交通事故で瀕死の重傷を負い、その後遺症で全身不随となりました。医師からは回復不能と言われていたそうです。

長いあいだ生死の境を彷徨い、そのなかで見たヴィジョンによって自分の使命を知ります。その後、奇跡的に回復し、健常者として生活できるようになると、安定した一流企業の社員の身分を捨て、自宅や自家用車やオートバイ、それに大好きだった音楽までも手放し、環境保護と世界の貧困の撲滅のための活動にすべてを捧げるようになりました。

活動を始めてから一〇年近くになるそうですが、食事は一日一回、入浴も洗濯も一週間に一回しかしないそうです。講演会などでも壇上に質素な服装で登場します。

まさに、エゴを捨てた生き方です。高木さんがそのような生き方をするのは、それが「最も幸せな生き方」だからといいます。[註2]

急激な黄疸で倒れたとき、私も創造主からの光の照射に包まれながら「私を手足として使ってください」と誓っていました。そのとき限り、私は自分のエゴのために生きるのはやめようと心に決めたのです。

これこそが、人生最高の幸せです。

註1　木内鶴彦『生き方は星空が教えてくれる』（サンマーク出版刊）、『宇宙（そら）の記憶―彗星捜索家の臨死体験』（竜鳳書房刊）

註2　高木善之『転生と地球―価値観の転換へのメッセージ』（PHP研究所）『生命のかがやき―農学者と四人の対話』（野草社刊）、『生きる意味―人生を深く掘り下げるワークショップ』（PHP研究所刊）、『非対立の生きかた―一瞬でしあわせをつかむ成功法則』（ビジネス社刊）ほか多数。

非物質存在との遭遇体験と宗教観の変化

臨死体験者がガイド、守護霊、創造主、光の存在などの非物質存在と遭遇したり、それによって生き方そのものに不可逆的な変化が起きる理由を、科学的に説明することはできません。にもかかわらず、思想的な影響力をもつ人たちのライフヒストリーを紐解くと、このような非物質存在との遭遇と、人生最大の意識変革に突き当たることはけっして少なくありません。

ジョーが臨死体験ののちに、世界中のさまざまな宗教の聖典や哲学書を、読みあさったことはすでに述べました。

そしていま、ジョーは次のような宗教観をもっています。

リモート・ヴューイングは、私の宗教観や「神と呼ばれる存在」への意識を変えた。

もしかしたら、臨死体験などを通じ、意識が変わったのが先で、そのあとにリモート・ヴューイングを知ることになったのかも知れない。

いずれにしても「神と呼ばれる存在」について考えるとき、私はいつもある問題意識に直面する。

人間は、長い歴史のなかで、いつも「神」を規定しようとしてきた。

しかし、私たち人間が「神」を、全知全能の存在とか、あるいは万物の創造主とかいった言葉で描写したところで、私たち人間がその意味を理解するのは不可能だ。

私たち人間は、世の始まりのときから「人間であること」とはいったいどういうことなのか、それすらも明確につかんだことがない。

私たちは人間の潜在能力の限界、パワーの限界について、まだ理解していないのだ。

また、思いやりの意味、邪悪の意味、またはほかの人間に対して自分が望ましいかを真に理解しているとは言えない。

私たちは自分をコントロールできないのだ。

私たちが人間とは何かを理解していないのに、どうして「神」が何かを理解できるだろうか——。

にもかかわらず、人類は教会を建てたり、支配構造を創り出したりして「神」とは何かを定義づけようとしてきた。

そして、異なる宗教を信仰する者たちは、自分たちの宗教の教義を後ろ盾に、人殺しや略奪を正当化し、戦争を行ってきた。

「神」とは何かの定義で言い争い「神」の名のもとに互いに殺し合ってきたのだ。

私の考える限り、これほどの傲慢と愚行はない。だから私はごくまっとうな、正義を愛する人間として、このような愚行には参加できない。そんな誤った宗教には、参加できるはずがないのだ。

私は、誰かが「神」と定義した唯一神に従う代わりに、純粋に自然なスピリットというものを信じている。そして「神」なる存在を定義しない精神世界の道を選ぶつもりだ。

私の精神的(霊的)な信条では、まず人間として存在することのもつあらゆる可能性として、真の愛と、思いやりと、分かち合う心を、確認しなければならない。

この惑星でお互いを助けあうことが、どういうことかを本当に理解する必要がある。

いまだ、私たちはまだ学ぶべきことを、しっかり学んでいないということを理解していないのだから。


臨死体験者たちの証言やジョーの言葉からわかることは、人は、肉体の死に直面することにより「死」や「宗教観」への考えを深めるようになり、そのことが、のちの生き方に大きな変化をもたらすということです。

原因不明の黄疸のあと、私の身にも想像だにしない出来事が起こりました。

京都中の大病院で検査した結果、なんの異常もないことがわかると、私はすぐにマイアミへ向かう航空券のチケットを取りました。

フライト中、私の頭のなかは、言語学者になる夢のことでいっぱいで、病気のせいで遅れてしまった分まで、早く取り戻したいとばかり考えていました。

でも、マイアミに戻った私は、夢を手放すことになりました。「私を手足として使ってください」と誓った私に、創造主は、別の道を用意していたのです。

それは「運航管理者(Aircraft Dispatcher)」として、空の安全を守ることでした。

変性意識のトレーニングが開いた新たな可能性

私がそれまでとはまったく別の道に進むことになった経緯に話を進める前に、変性意識や体外離脱と、リモート・ヴューイングとの関係について説明しておくことにしましょう。

臨死体験者のなかには、体外離脱をしたという人が少なくありません。ジョーもその一人です。生涯に一度だけ、経験するという人もいれば、一度体外離脱をしてから、生涯に何度も頻繁に経験する人もいます。第5章で詳しく紹介するモンロー研究所の創設者、ロバート・モンローは、生涯に一〇〇〇回以上も体外離脱を経験したと言われています。

体外離脱は一種の変性意識状態と考えられますが、モンローは自らの経験をもとに、ヘミシンクという音響システムを使って、意図的に変性意識をコントロールできるトレーニング・プログラムを開発しました。

ロバート・モンローの知り合いだったスキップの紹介により、ジョーはモンロー研究所のトレーニング・プログラムに参加するようになりました。ジョーは、はじめてモンロー研究所のゲートウェイ・ヴォエッジというプログラムに参加したのち「すべてのリモート・ヴューワーは、このプログラムを体験するべきだ」と報告しています。ジョーの報告を受けて、その後何人ものリモート・ヴューワーが、プログラムを体験しています。

モンロー研究所のプログラムは、ジョーのリモート・ヴューイングの精度を高めるうえで大きな効果があったようです。

臨死体験の最中や、リモート・ヴューイングの実験の際、ジョーは、何度か体外離脱を経験したことがありましたが、それを自分でコントロールすることはできませんでした。ジョーは、自分で自分の意識の状態をコントロールできないことは、リモート・ヴューイングの精度を高めるうえで障害になると考えていたようです。

そのため、ロバート・モンローと出会ったことは、ジョーにとって大きな収穫となりました。体外離脱や変性意識の研究をしていたモンローにとっても、ジョーは興味深い存在でした。

その後、ジョーとモンローは、集中的なトレーニングを開始しました。ヘミシンクを使ったこのトレーニングは一三カ月にも及び、その結果、ジョーは自分で意識状態をコントロールできるようになったということです。

それには、脳波を深いリラックス状態であるアルファ波からシータ波に導く音響システムや、リラックスのための呼吸法や、瞑想のトレーニングが効果を発揮したようです。

ジョーは、ヘミシンクを使うことで、リモート・ヴューイングの前の意識のクール・ダウン（瞑想）が効率的にできるようになったと言っています。

リモート・ヴューイングには、雑念を取り払い、集中力を高める瞑想が必要ですが、ヘミシンクと出会う前、ジョーは禅の瞑想で精神統一をしていました。禅では一時間かかっていたものが、ヘミシンクなら一〇分程度で済むようになったそうです。

ただしジョーは、体外離脱とリモート・ヴューイングとでは、得られる情報が違うと言っています。明確に決められた特定のターゲットについての情報を集める場合には、体外離脱ではなく、リモート・ヴューイングのほうが適しているようです。

そのため、依頼を受けたものについては、もっぱらリモート・ヴューイングで情報を得ているそうです。

自分は肉体を超える存在だと確信する体験

肉体から抜け出した意識は、自由自在に好きなところに行くことができます。個人差がありますが、最初は自分の肉体から数メートル以内とか、部屋のなか、家のなかだけなど、限られた範囲でしか動けない人が多いようです。

しかし、だんだん慣れてくると、行きたいと思ったところに行けることもあります。たとえば、友だちや恋人がどうしているか見に行くこともできますし、何百キロも離れた故郷で暮らす両親のもとを訪ねて、見てくることも可能です。さらには、地球の裏側や、月や火星や宇宙の果てまでも行って見てくることが可能です。

また、体外離脱した意識体になれば、時間を超えることもできます。過去でも、未来でも時空を超えた探索の旅が可能です。

荒唐無稽な話に聞こえるかもしれませんが、モンロー研究所のプログラム参加者からは、現在・過去・未来を自在に旅した体験談がいくらでも出てきます。

ただし、このように時空を超えて自由自在に動き回るには、一定のトレーニングが必要です。古代から偉大な宗教家や修行僧は、そのために何十年もかけて瞑想や荒行などの修行を行ってきました。

モンロー研究所では、もっと短期間でできる潜在意識のコントロール法を開発してきました。

多くの人は、肉体から抜け出すことに怖れを感じます。それは肉体の「死」を意味すると考えられているからです。自分の意思で体外離脱をコントロールできるようになるためには、肉体から意識が抜け出すことへの恐れをなくさなければなりません。

モンロー研究所のプログラムのなかには、この恐れをなくすトレーニングも含まれています。ヘミシンクという音響システムを使って脳波をアルファ波からシータ波に誘導するとともに「私は肉体を超える存在です」と、自分と全宇宙に向かってアファメーション（宣言）するのです。

このような訓練によって、意識は肉体から抜け出しやすくなります（ただし、訓練の成果には個人差があります)。

そしてこれは、リモート・ヴューイングの能力の向上にもプラスの効果があるのです。

体外離脱や、体外離脱をしなくても、意識のほとんどを体に残したまま、遠くの様子を知覚するといった、物理的にはあり得ないようなことを一度でも体験した人は「自分が肉体を超える存在であること」を、自分の身をもって、体験的に知ることになります。

ジョーをはじめ、優れたリモート・ヴューワーたちの著作などから、こうした体験は、リモート・ヴューイングのようなサイキックな能力を開発するうえで、重要な意味をもつと考えられます。

私がリモート・ヴューイングに深い関心を寄せるようになったのも、物理的にはあり得ないような不思議な体験をしたことがきっかけでした。

体外離脱と呼べるのかどうかわかりませんが、二〇年以上前のあるとき、私ではない別の誰かが私の唇、舌、喉を使って話しているという体験をしました。

誰かが私の口を使って話している

別の誰かが私の肉体を使って話しているとき、私自身は、傍らでそれを聞いていました。

私の口から知的教養のある、ネイティブのアメリカ人のような流ちょうな英語が流れ出してきます。とてつもなく難しいエアクラフト・ディスパッチャー（運航管理者）の口頭試問に、私の口が勝手に動いて、よどみなくすらすらと答えているのです。

「ボーイング７２７型機がエンジンに空気を吸入してから排気するまで、すべてのシステムを説明しなさい」

「この気象データをもとに、２時間後の気象状況を予測し、ＩＡＤ（ワシントン・ダレス空港）からＲＳＷ（フロリダ・フォートマイヤー空港）まで、最も安全かつ経済的にボーイング７２７を飛行させる運航計画をつくり、速やかに説明しなさい」

「ボーイング７２７の運航に必要なすべての計算を行い、何分以内に飛行計画をつくり、航空機のパイロットに伝えなさい」

目の前にいるアメリカ人の試験管は、次々と容赦なく難題を投げかけてきます。

頭で考える間もなく、私の口からは正確な答えが流れ出します。私の肉体を占有している誰かは、ご丁寧にも、出題する試験官の用語のミスまで指摘して、すらすらと質問に答えていたのです。

そして、口頭試問開始から約二時間後、私は大型旅客機の運航に必要なすべての知識が問われる、ＦＡＡ（アメリカ連邦航空局）のエアクラフト・ディスパッチャーの免許取得に必要な、七領域にわたる口頭試問を終えて、試験会場をあとにしました。

一般にはあまり知られていませんが、航空機を飛ばすのに、運航管理者はなくてはならない存在です。実際に飛行機を操縦する最高責任者がエアライン・キャプテン（機長）なら、ディスパッチャーは地上業務の最高責任者で、別名「地上のパイロット」と呼ばれています。

航空会社や、旅客機の種類や路線によって異なりますが、空港では、フライトの一〜二時間前に、機長をはじめとするコクピット・クルーと運航管理者による「ディスパッチ・ブリーフィング」が行われます。ディスパッチャーは、あらかじめ作成したフライトプランを元に、ルート上や目的地の気象情報を説明し、乗客数、シーティング（乗客の配置）、チェックインされた荷物とペイロード（貨物）の数と重量、フライト時間、搭載燃料、高度、その他フライトに関係するすべてのデータをクルーに伝えます。

フライトプランをつくるのは、ディスパッチャーの仕事です。キャプテンとディスパッチャーの合意がなければ航空機は飛ばせないのです。そういう意味では、空の安全を確保するために最も重要な役割を、ディスパッチャーが担っていると言えます。

それだけに、ディスパッチャーの試験は、航空業界でも最難関です。

私がフロリダで、このディスパッチャーの試験を受けた一九八〇年代初頭、アメリカの航空法が変わり、すべての航空会社は離発着する飛行場に、ＦＡＡの国家資格を取得した運航管理者をおかなければならなくなりました。

そのため、すでに何年もオペレーション業務に携わり、実績と経験をもつアメリカの航空業界のプロフェッショナルたちが、この資格を取得するために、航空学院に通い、猛勉強をしなければならなくなってしまったのです。

彼らのような経験者でも、一発で合格するのは至難の業と言われる試験を、どういうわけか航空業界の素人の私が受験することになってしまいました。しかも、アメリカのフロリダ州で。

当然ですが、筆記試験も口頭試問もすべて英語で答えなければなりません。

「なんでこんなことになったんだろう……」

わけがわからないまま、怒濤のように事態は展開し、試験の日が訪れました。

そして、ディスパッチャーの試験のなかでも、最も難しいとされる口頭試問の、まさにその最中に、私は、ほかの誰かに自分の肉体を使って助けられ、自分はそれを少し離れたところで聞いているような奇妙な体験をしたのです。

ディスパッチャーの試験に挑むまで

京都で検査を受けて異常がないことが判明し、マイアミに戻ったあと、私は、フロリダの飛行学校で、日本人の訓練生たちに英語を教えることになりました。

原因不明の黄疸で倒れたとき、私を病院まで連れていってくれた日本人飛行学校の教官は、実はその学校のオーナーで、訓練生に英語を教える講師を探していました。

当時、英語が苦手な訓練生たちが、最初に取り組む基礎訓練である自家用機の訓練飛行中に、アメリカの航空法に違反して、ときどきトラブルを起こしていました。

アメリカの航空法規を読んでも理解したとは言いがたく、管制官が何を言っているのかも聞き取れない日本の若者たちが、フロリダの空の交通のトラブルを招いていたのです。

飛行学校があり、訓練飛行場として使用していたオパロッカ空港は、大型旅客機がひっきりなしに飛び交う、マイアミ国際空港と隣接しています。マイアミ国際空港は、国内はもとより、中米から、南米から、それにヨーロッパからのフライトがひっきりなしに飛び交い、全米でも最も離発着数の多い空港の一つです。上空から見ると、二つの飛行場の形状はよく似ています。周囲の地形やランウェイ（滑走路）の数まで一緒なのです。

ですから、自家用機の訓練飛行を始めたばかりの日本人が、訓練飛行場と間違えて国際空港に迷い込むのは、いともたやすいことでした。

ちっぽけなセスナが飛行禁止の航空航路に侵入したことで、何機ものジャンボ・ジェット機が上空で着陸許可を待って滞空飛行を余儀なくされ、何百人もの乗客が時間をロスし、莫大な量のガソリンが無駄に消費されることもあったのです。この事件を起こした若者の父親は、何十万ドルという罰金を支払うことになりました。

また、マイアミに架かる橋の下を、セスナ機でくぐるという、無謀な飛行をした訓練生がいました。もちろん重大な違反行為です。

こうした事件を受けて、ＦＡＡは「日本人には飛行の許可を与えない」と言いだしかねない雰囲気でした。

飛行学校のオーナーにとって、生徒が自家用機を飛ばすのに必要最低限の英語を短期間で習得させることは、最優先課題でした。訓練飛行中に間違った飛び方をしてしまった場合でも、少なくとも管制官が何を言っているのかを理解できれば、致命的なトラブルを避けられるからです。

オーナーは、短期間で日本人訓練生たちの英語を上達させる術を探していました。そして、ひょんなことから知り合いになった私には、日本で英語の速習法を教えた実績がありました。

私は、飛行学校にとって、うってつけの存在だったのです。

私としては、助けてもらった恩もありましたが、それよりも重要なことは、創造主の手足となって、世のため人のために生きることを誓ったということでした。

「必要とされるなら、精一杯それに応えよう」

こうして、訓練生たちに英語を教えることになりました。彼らは英語がわかるなら、英語で書かれた航空工学のテキストもわかると思ったらしく、なんでも聞いてきます。

私は英語はわかっても、航空業界の素人ですから、内容についてはわかりません。講師と生徒という関係とはいえ、訓練生たちの多くは私と同年代で、なかには年上の人もいました。聞かれたことにすら応えられないようでは、講師として務まりません。

私は、訓練生たちの役に立ちたい一心で、何を聞かれても即答できるように、訓練生たちが学んでいる航空物理の受験用テキストを学習し、丸ごと暗記して質問に備えました。

やがて、英語を教えるにしても、地上教官の免許を取っておいたほうがいいというオーナーの要望があり、試験を受けることになりました。教科書の内容を完全にマスターしていたので、地上教官の試験を簡単にクリアすることができました。こうして自らは大学に通いながら、そして飛行学校では日常英会話と、航空管制管とのコミュニケーション英語、それから飛行に必要な航空工学の講義をする日々を送っていました。

飛行学校の訓練生たちは、目的のヘリコプターや飛行機の免許を取ると卒業して日本に帰って行きます。

あるとき、卒業を間近に控えた訓練生の一人が、帰国の前に「僕の操縦するセスナに乗ってください」と言いました。英語を教えてくれた私との思い出づくりと、感謝の気持ちを示したいということだったようです。

一人の訓練生が始めた卒業記念飛行は、卒業の恒例イベントとなりました。

みんなに感謝されて、うれしくないことはないのですが、卒業記念飛行に付き合うたびに、胃の辺りが痛み「加入している生命保険の有効期限はまだ切れてないかなぁ？」などと急に現実的なことを思い出したりしました。最初の頃は、免許取り立てのパイロットの隣では、とてもフライトを楽しむ心の余裕はありませんでした。

それでも、何度かこのイベントに付き合うあいだに「自家用機の操縦って意外と簡単だな」と思うようになりました。

新人パイロットの操縦をヒヤヒヤしながら見ているくらいなら、自分で操縦方法を覚えて、指導できるくらいになっておいたほうがいいと考え、オーナーの勧めもあって、自分でも自家用機の免許を取ることにしました。

何度も卒業生のフライトを傍らで見ていましたし、管制官の言うこともわかりますから、訓練飛行をこなすのは簡単でした。こうして、短期間のうちに自家用機の試験もクリアすることができました。

そこまではなんということはなく進みました。

でも、ディスパッチャーの試験となると、話は別です。

ところが、飛行学校のオーナーが、あるとき私にその試験を受けるように勧めてきたのです。航空業界の素人の私が、短期間のうちに次々と地上教官と、自家用機のパイロット試験に合格したので、やらせてみようと思ったのでしょうか。

とにかく、それはとんでもないチャレンジでした。

「ミッツィ、ディスパッチャーに合格したら、ランウェイを逆立ちして歩いてあげるよ」

私の名前、睦子は、外国人には発音しにくいため、小学校のときから、通っていた日曜学校の牧師さんに「ミッツィ」というニックネームで呼ばれていました。イギリスにいるときもそうでしたし、マイアミで、日本人訓練生に英語を教えるときも、親しみやすいということで、この呼び名が定着していました。

その調子で、このときもいたって気軽に「ミッツィ、やってみなよ」と言われたのです。それに飛行学校では、ディスパッチャーの免許をもった教官がいることを、看板にしたかったのかも知れません。ディスパッチャーは、それくらい権威ある資格だったのです。

とはいえ、ランウェイを逆立ちというからには、オーナーだって、私が受かるとは思っていなかったに違いありません。航空業界のプロでさえ難しい試験なのですから。

そこで断ればいいものを、チャレンジ精神旺盛な私は、ディスパッチャーの試験のためのクラスを受講し、航空業界のプロたちと机を並べて勉強することになってしまいました。

自分の意思とは関係なく、成り行きでスタートすることになったとはいえ、やると決めたからには、ベストを尽くすことに決めました。試験を前にした数週間というもの、一日のうち二〇時間を勉強に費やす毎日が続きました。

合格の知らせを受け、ハグで祝福された

そして試験の日、私ではない別の存在が私の口を使って口頭試問に答えているうちに「あれよあれよ」という間に試験は終わっていました。

試験開始から約二時間後、会場のドアを開けて出てくると、私が通っていたシェフィールド航空学院のインストラクターの姿が見えました。

私が出てくるのを見つけた瞬間、彼はがっくりと肩を落としました。ディスパッチャーの試験は、大型旅客機を運航させるために必要なすべての知識が問われる試験なので、試験も相当の長丁場です。

エアライン・キャプテン（機長）と同じ筆記試験をはじめ、フライトプラン（飛行計画）作成などの実地試験、そして七領域にわたる口頭試問があります。

航空機を運航させるための法規（Regulations）、気象の知識（Weather）、その他無数の関連領域の知識（Miscellaneous）、飛行情報案内（Aeronautical Information Manual）、計器飛行法＝通称ＩＦＲ（Instrument flight rules）、航空力学（Aerodynamics & Performance）、運航計画（Flight Planning）、これらの難問難題に口頭で答えるのに必要な時間は平均三〜四時間です。

ところが私は、試験会場に入ってから二時間あまりで出てきてしまったのです。

解答中に少しでもつまずくと、試験官はそこを徹底的についてきます。次から次へと重箱の隅をつつくような質問を浴びせられ、焦って間違ったことを言ったらそこで試験はジ・エンド。即退室になってしまうのです。インストラクターは、私の退室があまりにも早すぎるので、不合格だと思ったようでした。

とっさに慰めの言葉を探した彼の目が虚空を泳ぐのがわかりました。

無理もありません。落ちるのは超簡単、すでにアメリカの航空業界で働いている経験者でさえ、受かるのが難しい試験なのです。それを、日本人で、しかもたまたま飛行学校で日本人の学生向けに英語を教えていた私が受けたのですから、落ちてもなんの不思議もありません。

それに、いくら英語を話せるといっても、ネイティブとまったく同じように、よどみなく答えるのは至難の業です。日本語で考えて、それを頭のなかで英語に訳して答えていたらとても間に合いません。

ところが、次の瞬間、インストラクターの表情は一転しました。

「You did a good job!（よくやった！）」

試験会場から出てきたＦＡＡの試験官の一人が、インストラクターの肩をポンと叩いてにっこりと微笑んだのです。

その笑顔は、私の「合格」を意味するサインでした。

インストラクターの表情は落胆から歓喜へと変わり、私を力一杯抱きしめ、ハグで祝福してくれました。がっしりとした広い肩のぬくもりを感じると、私はハッと我に返りました。私を助けようとする意識体（ガイド）に占有されていたような自分の肉体に、ようやく戻れた気がしたのと、これで今日から夜はぐっすり眠れると、心底ほっとしました。

それから数時間後、私が全受験者中最高得点で合格したことが明らかになりました。その夜、日本人飛行学校のオーナーや教官たちは、ランウェイを逆立ちして歩く代わりに、豪華なディナーに連れ出してくれました。

自分が自分でない感覚。あれは体外離脱だったのか？

最難関と言われるエアクラフト・ディスパッチャーの試験にトップで合格したことで、日本のミッツィこと植田睦子は、航空業界の「時の人」となりました。

応募していた二七四人のなかから、たった一人選ばれて、私はコンチネンタル航空に就職し、成田で約一年勤務したのち、一九八三年、名古屋―サイパン・グアム定期便就航とともに、名古屋国際空港に転勤になりました。

当時は、午後一時過ぎに出勤、目的地の気象データを取り寄せ、積み荷の内容や重量をチェックします。飛行機が到着してからは、機内の清掃や機内食の積み込みに立ち会います。その合間に到着便の乗客や貨物の無事を確認し、出発便の機長に飛行計画を説明し、燃料を再確認し、飛行可のサインを出します。

問題がなければ仕事は午後一〇時頃に終了しますが、悪天候で欠航になったりした場合は、乗客を収容するホテルの手配などもしなければなりません。帰宅が深夜に及ぶこともありましたが、仕事はとてもやりがいがありました。

また、テレビ、ラジオ、新聞、ビジネス誌、航空業界の専門誌まで、各種のメディアが私のところに取材にやってきました。

「空のことなら万能選手」「使命感あふれるチャレンジ・レディ」など……、たくさんの番組や記事で取りあげられ、当時、私は航空業界のちょっとした有名人でした。なかには、「航空業界のレジェンド」とまで言う人もいました。

アメリカのＦＡＡの国家試験、ディスパッチャーに女性で合格したのは、あとにも先にも私だけでしたし、当時の日本では、男性と同じように仕事をこなす女性は非常に珍しい存在でした。それだけでテレビの特集番組になるほどだったのです。

アメリカの航空会社に勤務していたため、日本の企業と比較して、条件的にとても恵まれた環境で働くことができたと思います。コンチネンタル航空で、フライト・オペレーション業務に携わり、自分の力を思いっきり発揮することができました。

自分がこんなふうにスポットライトを浴びる日が来るなんて、思いもよらないことでした。母親のぬくもりを知らず、運動会や遠足のたびに、お母さんの手作りのお弁当がないことで惨めな思いをしました。実の父からは理解されず、叱責を恐れる毎日でした。

学校の先生からは「小人症」と決めつけられたり「カンニング犯」や「泥棒」の濡れ衣を着せられたりもしました。クラスメイトからは気味の悪い子と思われていましたし、家から遠くの学校に通っていたため、近所には一緒に遊ぶ友だちもいませんでした。

いつも独りぼっちで、本ばかり読んで過ごしていました。

こんなふうですから、小中学校の頃の私しか知らない人は、テレビ番組や雑誌に登場する私を見ても、同一人物とは気づかなかったかも知れません。

そんな忙しくも華やかな毎日でしたが、ディスパッチャーの試験のときの、別の目に見えない存在が私の口を使ってしゃべっているような不思議な体験への疑問が、私の脳裏を離れることはありませんでした。

あとになって、それが「超常現象」と呼ばれる現象であるらしいということを知りました。

誰もいない部屋で聞こえてきた私を励ます声

ディスパッチャーの口頭試問のとき、別の誰かが私の口を使ってしゃべっていて、私はそれをすぐそばで聞いていたというのは、間違いなく超常現象です。

ところが、私が一生懸命その話をしても誰も信じてくれず、みんな面白いジョークとして笑うだけでした。

私は語学を学ぶとき、ジョークのセンスはとても重要だと思っているので、いつも英語を教えるときにジョークを盛り込むことにしています。だから、口頭試問のときのことも、ミッツィ流のユーモアだと思われたようです。

結局、私はそのことを人に話すのはやめて、胸のうちにしまっておくことにしました。

そもそも私がマイアミの大学に行くことにしたのは、言語学者になろうと思っていたからです。

それが、飛行学校で英語を教えるようになってから、一年足らずのあいだに、ディスパッチャーの免許を取ることになったと言っても、なかなか信じてもらえません。

いまでも航空業界の誰かに、私の名前がプリントされたアメリカ（ＦＡＡ）のディスパッチャーの免許を見せると、相手はお化けか何かにでも遭遇したかのように驚かれます。

あとになって振り返ってみると、ディスパッチャーの試験を受ける少し前から、私は相次いで不思議な現象にあうようになっていました。

「ミッツィ、できるよ」

私以外、誰もいないはずのフロリダの私のアパートで、私は何度かその声を聞きました。それも決まって、私がディスパッチャーの試験のための勉強で極限状態に追い込まれていたときでした。

一日二〇時間という猛勉強を何週間も続けていると、平常の意識状態から離れていく感覚を体験します。通学とシャワーと食事、そして平均二～三時間の睡眠以外、休むことなく勉強していても、覚えなければならないことはまだまだたくさんありました。

航空生理学、飛行法、天気図から気象を予測する方法、ボーイング７２７のエンジンシステム、電気系統、油圧系統、エアコンのシステム、世界中の空港を示す３レター・コードなどはすべて頭に入っていなければいけません。

さらに試験では、３レター・コードと気象データ、乗客の数と貨物の量を与えられ、燃料の消費量まで考えて、気象条件に適したフライトプランを規定の時間以内に、すべて手動で計算しなければなりません。これは、コンピュータがダウンしたときに備えてのことです。時間内に計算できても、燃料消費に一定量以上の誤差があれば試験は不合格です。

分厚いテキストの中身がちっとも頭に入らない、自分はなんて無力なんだろう、こんな無謀なチャレンジしてなんになるんだろう……、試験の日はどんどん近づいてきます。

「こんなの無理、もうイヤ！」

思わず弱音を吐き、目の前のテキストを壁に向かって放り投げました。テキストが「バン」と壁に当たる音に、アパートの隣人はさぞかし驚いたことと思います。でも、私はもっと驚きました。

もちろん、後ろを振り返っても誰もいません。でも、私は確かに「ミッツィ、できるよ」という声を聞いたのです。

「誰？　いまの……」

その、自分の背後、斜め上から聞こえてくる声を聞いて、ある種の極限状態だった私は「ハッ」と我に返りました。そして、床に落ちたテキストを拾い、また机に向かいました。

そして、明け方ほんの数時間うつらうつらすると、また学校に行き、講義を受けるという毎日でした。

このときはまだ、睡眠不足とプレッシャーのために聞こえてきた、幻聴かもしれないと思っていました。でも、口頭試問で誰かが私の口を使って難問に答えているのを聞いたとき、あれは幻聴ではなかったと確信しました。

「誰かが、私の肉体を使って奇跡を起こそうとしているのかも知れない……。誰かが確かに私を手助けして、試験に合格させようとしている」

ガイドなのか、創造主なのか、目に見えない自分を超えた存在によって生かされ、助けられているのだと、いつの間にか私はそういう確信をもつようになっていました。

ディスパッチャーの口頭試問のときの不思議な体験は、私の記憶のなかに深く刻みこまれ、やがて「人間の意識には、現代科学では説明できない未知の領域がある。その謎を科学的に説明する方法が、必ずどこかにあるはずだ」という探求心に変わっていきました。

その探求の道は、のちに私をある場所に導くことになりました。それが、アメリカのヴァージニア州フェイバーにあるモンロー研究所です。

私はそこで「リモート・ヴューイング」の世界へとつながる扉を開くことになりました。その扉の傍らには、心強い二人の案内役がいました。

それが、リモート・ヴューイング界の二人の大御所、ジョー・マクモニーグルとスキップ・アットウォーターだったのです。

ジョーの「ここだけの話」

⑥2018年関西で大地震！ 5年以内に東京で爆発！

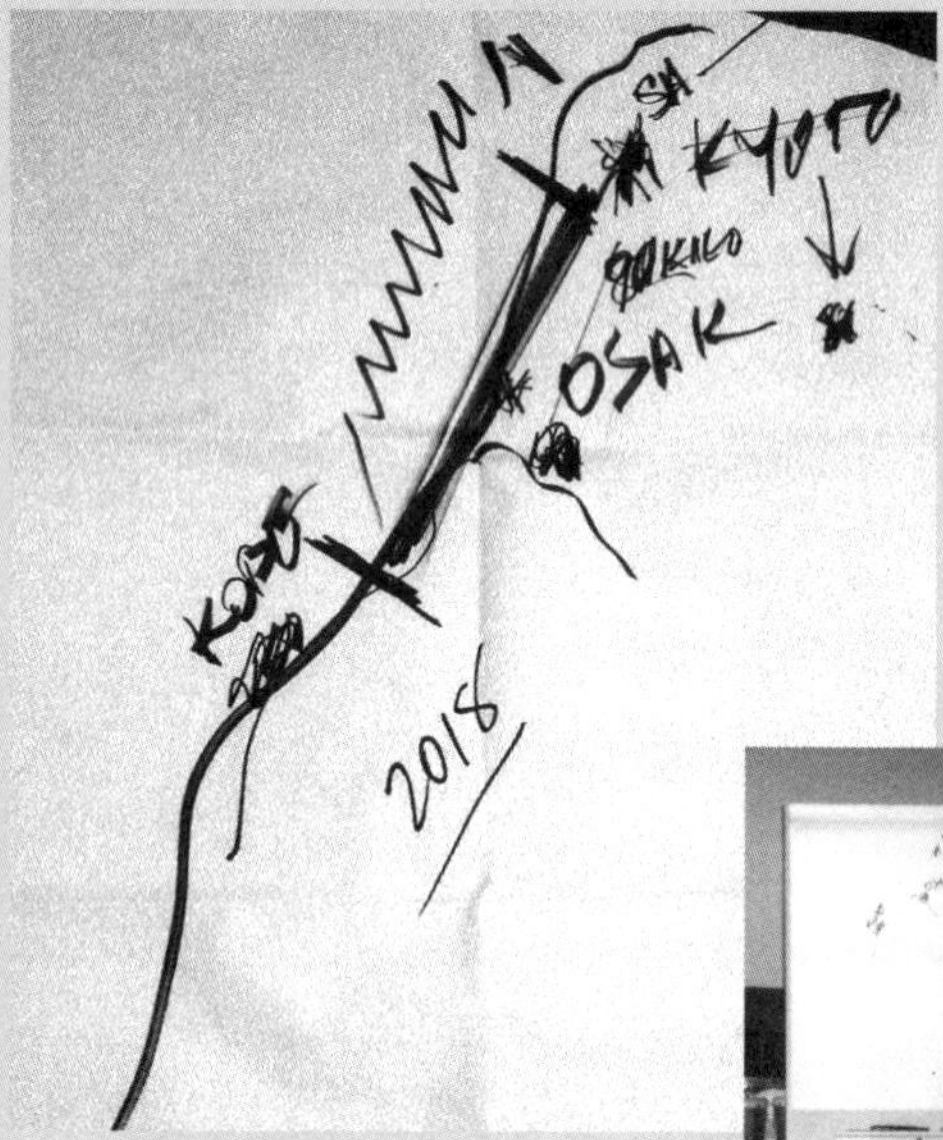

大阪から北に約90キロメートルの地点で大地震の可能性がある。その場所はSAから始まる地名だ。

できることなら、私はその大地震が起こる瞬間に、現場に居合わせたい。そして一部始終をこの目で目撃したい。

また5年以内に東京でテロリストによる攻撃があり、2回の爆発がある。港から5キロメートル以内の場所で起こる。

第3章 リモート・ヴューイングの扉を開く

ブルーリッジ山脈の麓で変性意識を探索する

二〇〇二年四月、私ははじめてモンロー研究所にやってきました。ディスパッチャーの口頭試問のとき、自分の身体を使って、別の誰かが話しているような不思議な体験をしてから二〇年あまりの歳月が過ぎていました。

前章でも触れましたが、モンロー研究所は、故ロバート・モンロー（一九一五～一九九五）が創設した変性意識の研究機関で、アメリカのヴァージニア州フェイバーというところにあります。ここはアメリカ東部を南北に走る、ブルーリッジ山脈のすそ野に位置し、気候は温暖で風光明媚な丘陵地のなかにあり、アメリカで最も暮らしやすいところと言われています。

送迎の車を降りると、割り当てられた個室に荷物を置き、トレーナーから食堂やトイレ・バス、エクササイズ・ルームなど、施設内の案内を受けました。

それが済むと、私はもう一度建物の外に出て、辺りの景色を眺めてみました。各種の滞在型プログラムが行われるナンシーペン・センターの目の前には、傾斜のある緑の広場があります。そのほぼ中央に、この研究所のシンボルの一つとも言われる巨大な水晶があり、さらにその向こうの牧場では牛たちが草をはんでいるのがみえます。

ここで、私はゲートウェイ・ヴォエッジという一週間の滞在型トレーニング・プログラムを受

←モンロー研究所。
ナンシーペン・センター。

↓ブルーリッジ山脈を望む広場。
左手前にあるのが巨大な水晶。高さは2メートルを超える。

けることにしました。このプログラムのなかに、私の身に起きた不思議な出来事の謎を科学的に説明するヒントがあるに違いないと考えたからです。

このときは、それから数年後に自分がトレーナーとして、モンロー研究所で働くようになるとは夢にも考えていませんでした。

モンロー研究所には、一三種類の体験型プログラムがあり、その目的や体験する意識レベルはそれぞれに異なっていますが、ゲートウェイはすべてのプログラムの入門コースにあたります。ここから、私の変性意識を探求する旅が本格的に始まったのです。

はじめてゲートウェイ・ヴォエッジを体験してから、私はこれまでに一二回自分でプログラムに参加し、また、日本人対象のプログラム参加ツアーの主催者・通訳者として、七回モンロー研究所に足を運んでいます。このツアーは『死後体験I〜III』の著者として知られる坂本政道氏と私が、ともに取締役を務めるアクアヴィジョン・アカデミーが主催しています。

臨死体験や体外離脱などの超常的な現象を探求する方法として、私がモンロー研究所を選んだ理由は、科学的で客観性のある研究データを集めていること、そして、経験的に確認された教育プログラムを提供していることにあります。また、いかなる宗教からも距離をおき、中立的な立場を貫いている点も信頼できると思いました。

おそらく、ほかの多くのプログラム参加者も同じだと思いますが、私がとくに科学的であることを重視したのは、自分の体験をほかの人に伝えるときのことを考えたためでもあります。

モンロー研究所のコントロール・ルームで仕事をする筆者。

幼い頃、予知や透視のようなことで、ほかの人が知り得ないことを知り得たばっかりに、誤解され、辛い思いをしたことがありました。父に折檻されたり、先生に理解されなかったり、クラスメイトから気持ち悪いと敬遠された辛い経験から、私は超常的な現象や超能力を、科学的に説明する方法はないかと探していました。

とくに、一九九五年にオウム真理教が地下鉄サリン事件を起こしてからというもの、新興宗教や超常的なものすべてが危険視されるようになっていましたから、よほどしっかりした科学的裏付けがないと、世の中の人には受け入れられません。

私は既存の科学で証明できないために、いまはまだ否定されているものや、偏見の目で見られているモノや人や技術でも、いずれ当たり前になる日が来るという確信をもっています。ディスパッチャーの口頭試問のときに起きたような不思議な出来事は、誰にでも起こる可能性があるし、言葉に出さなくても、私と同じように不思議な体験をした人は、たくさんいるはずだと思っています。

自分の身に起きた経験から、一見説明不可能な超常的な現象のなかにこそ、人間の潜在能力を呼び起こすヒントがあり、未知なる可能性への手がかりが隠されていると考えるようになっていたのです。

超常現象の謎を解くカギを見つけた！

既存の科学では説明できないものを、そのまま伝えようとしても誰もわかってくれません。たとえば、霊界や非物質界の意識存在との交信を行うと言われるチャネリングや、タロット・リーディングや占いなどで、いかに正確に未来のことを予言できても、なかなか公の場では信頼されません。

しかし、客観的にみて正しい情報を得られるのなら、どんなことにも心をオープンにしておくべきだと、ジョーは言っています。

リモート・ヴューイングが人類にとってプラスになる点は、心をオープンにすることだ。リモート・ヴューイングだけに、心の扉を開けるのではなく、偏見のない心の扉も開くためオープン・マインドになれる。

ほとんどの人は、科学では説明のつかないことに、閉鎖的な心をもっている。ペテン師やウソつき、詐欺師が多くいるので、信じられないのは当然だ。確かに多くのばかげたことがあり、そんな事例はインターネットで、いくらでも見つかる。

そういうペテンや詐欺があるため、閉鎖的な人を一概に責めることはできない。

しかし私は、そんな人たちにも、オープン・マインドになり、可能性を考慮に入れるように薦めている。信じるように薦めるのではなく、本当かもしれない可能性を考慮するように伝えるのだ。テストしてみて、一〇のうち九まではペテンかもしれないが、そうではない一の可能性の枠を残しておくといい。

心と思考をオープンにしておこう。オープン・マインドでいることは、リモート・ヴューワーであることと同じくらい、天賦の才能なのだから。

しかし現実には、経験科学の方法論で説明できないものは「説得力がない」「荒唐無稽だ」と言われるか、もっとひどいと「あの人は頭がおかしい」「危険だ」と言われてしまいます。

人間は、怪しいと思うものは、日常世界から完全に閉めだそうとします。そして、いったんシャットアウトされた心の扉を開けるのは非常に困難なことです。それは地下鉄サリン事件のあと新興宗教全般が、社会から排除されそうになったことからもわかります。

私がモンロー研究所のヘミシンクに注目した理由も、科学的な裏付けを重視しているという点にありました。私が幼い頃から体験してきた不思議な現象のメカニズムを解明し、それを人に理解してもらうヒントは「ここにある」と考えたのです。

ロバート・モンロー自身、頻繁に体外離脱を経験していましたが、自分と同じような体験をしている人が身近にいないため、どうにかして体験を周囲の人々と共有したいと考えていました。なぜなら、体外離脱によって知ることができる情報は、個々人が生きるうえで、また、社会にとって有用なものだと考えていたからです。

これは、臨死体験で体外離脱をしたり、そこでガイドや守護霊、光の存在などと遭遇し、プラスのほうに生き方が変わる人が多いことからも理解できる話です。事故や病気などで偶発的に起こる臨死体験に匹敵する状態を、意図的につくりだすことができるとしたら、すごいことです。

もちろん、最初はモンローも、意識が肉体から抜け出してしまうことに対して、恐れや戸惑いがあったことを、初期の著書にも書いています[註1]。しかし、やがて恐れを克服し、積極的に体験から得られる情報を利用し、広めたいと考えるようになります。

そのために、モンローが科学的な裏付けを重視したことは、結果として功を奏しました。ジョーを皮切りに、軍が次々とリモート・ヴューワーを送り込んできたことは、軍がモンロー研究所のプログラムを高く評価していたことを示しています。また、一九七一年の創設以来、世界中からさまざまな分野の科学者や異なる信仰をもつ人々が、モンロー研究所のプログラムを体験しに訪れるのも、信頼に足る科学的な裏付けがあると考えられているからでしょう。

偶発的に起こり、超常的で、はかり知れないものと考えられていた体外離脱を、科学的に究明しようと考え、それを実現させ、継続させるだけのビジネス感覚をもちあわせていたところに、モンローという人のすごさがあります。

ロバート・モンローの体外への旅

では、ロバート・モンローとは、どんな人物だったのでしょうか。

ロバート・モンローは、大学教授の父と医師の母の息子として生まれ、幼少期をケンタッキーとインディアナで過ごしました。

一九三七年にオハイオ大学でエンジニアの学位を取得したのち、ラジオ局のプロデューサーやディレクターとして活躍し、やがてアメリカのヴァージニア州からノース・カロライナ州にかけていくつかのラジオ局やCATVを所有するようになります。一九五〇年代には、彼の会社は一カ月に二八もの番組を手がけ、数々の人気番組を制作するようになっていました。

その頃までに、モンローは、ラジオやテレビの作曲家として、また動画のクリエイターとしても知られるとともに、アメリカで最も成功したビジネスマンの一人として、Who's who in America（アメリカの著名人録）に名を連ねるようになっていました。[註2]

註1　Robert A. Monroe, Journeys Out of the Body, Main Street Books『体外への旅』（山河宏訳、学習研究社刊）
註2　Robert A. Monroe, The Monroe Institute（http://www.monroeinstitute.com）

一九五六年になるとモンローは、ラジオ番組制作会社に研究部門を設立し、さまざまな音のパターンが人間の意識に与える影響を研究しはじめました。

そこには睡眠学習の研究も含まれていました。なかでも注目されるのが、ヘミシンクという音響システムを使った研究です。

体外離脱とは、自分の意識が自分の肉体から抜け出して、どこか別の場所にある状態のことをいいます。肉体から離れた意識は、肉体の上に浮かんで自分を眺めていることもあれば、遠く離れたところ、たとえば地球の裏側や宇宙にさえも瞬時に移動することもできます。

このような現象は、交通事故などで瀕死の重傷を負い、死の淵を彷徨った臨死体験者から数多く報告されていますが、実は、健康な人でも意識が肉体から抜け出るのを体験する人は意外に多いことがわかっています。

ロバート・モンローも、健康体でありながら、体外離脱を繰り返す体質でした。彼は四二歳のときにはじめて天井のほうから自分が寝ているのを見て以来、頻繁に意識が肉体から抜け出すようになったそうです。

夜眠っていて、ふと気づくと知らない場所に意識が飛んでいることがあり、統合失調症か何かだと思い、精神科医に相談したそうです。しかし、既存の科学の範疇では、どんなに検査をしても精神異常を示すデータは見当たりませんでした。

そのため、モンローはその不思議な現象の答えを求めて、西洋の哲学や思想、宗教の教えを研

ダイニング・ルームでの食事のもよう。
セッションでの体験をシェアする場となることもある。

究したり、自ら実験台となって、体外離脱のときの脳波や体液の状態などを調べ、その科学的メカニズムの解明に取り組むようになったのです。

そうした研究を続けた結果、モンローは、肉体から抜け出た意識というものが確かに存在すること、そして、この世には物質還元主義では説明しきれない非物質の世界があることを確信しました。

自らの体験に基づいて書かれたモンローの著作[註3]によれば、非物質世界では、自分自身の過去生を追体験したり、自分以外の霊的な存在と遭遇し、コミュニケーションを取ることもできるといいます。そこには、現代科学の常識でははかり知れない人間の意識の未知なる領域が広がっているのです。

一九七一年から、モンロー研究所はラジオ局から離れて、独立した研究機関として活動するよう

註3　Robert A. Monroe, Far Journeys, Main Street Books『魂の体外旅行』(坂場順子訳、日本教文社刊)

になります。一九七六年には、カリフォルニア州のエサレン研究所でワークショップを開催するようになり、一九七九年からはヴァージニア州にある現在の本拠地で、活動を開始しました。

リモート・ヴューイング界の重鎮たちとの出会い

さて、ゲートウェイ・ヴォエッジのほうに話を戻しましょう。モンロー研究所でプログラムに参加すると、三日めの夜には、研究所のすぐ近くに住んでいるジョー・マクモニーグルが講演にやってきます。リモート・ヴューイングでは何ができるのか、陸軍の超能力プロジェクトの秘話や、UFOと地球外生命体と遭遇したときのことなど、テレビや出版物で未発表の話も聞かせてくれます。

さらに翌日のランチタイムに、参加者と一緒に食事をしてくれたり、午後の休憩時間にプログラムの参加者からの質問に丁寧に答えてくれたり、著書にサインをしてくれたりします。また、四日めの午後に研究棟の見学ツアーが行われます。

研究棟を案内してくれるのは、研究部門の最高責任者であり、研究所のプレジデントを務めるスキップ・アットウォーターです。一九九五年にロバート・モンローが故人となってから、役員の承認により、娘のローリーがプレジデントを務めていましたが、昨年十二月に彼女もまた故人となったいま、スキップがプレジデントの役を担っています。

プログラム参加者の前で講義をするジョー・マクモニーグル。

スキップは、一九八七年に陸軍での超能力部隊の仕事を退いてからずっとモンロー研究所の研究部門の最高責任者を務めてきました。陸軍における「リモート・ヴューイングの創始者」が、いまではモンロー研究所のトップを務めているのです。

アメリカにおけるリモート・ヴューイングの歴史を知る人なら、スキップから直々に研究棟の案内をしてもらえることに、少なからず興奮を覚えるでしょう。

いまでも、スキップやジョーとはじめて会ったときの感激は忘れられません。

それは彼らがリモート・ヴューイング界の大御所であるだけでなく、人間的な魅力あふれる人たちだからです。一度でも彼らと接したことのある人なら、私の言うことをわかってもらえると思います。ジョーのまわりには人が集まってきますが、それは単にジョーが有名人だからではなく、にじみ出る人柄ゆえだと思います。

さまざまな専門分野において、偉大な功績を残した人は、スキップやジョーのほかにもたくさんいるでしょう。

でも、専門分野に秀でていても、なかには人間的な成長がともなわない人間も少なからず存在します。その点、ジョーは、技能の向上のためにたゆまぬ努力を続けながら、人格の完成を目指し、両者を不可分のものとして考えています。自分のもつ類いまれなる能力におごり高ぶることはなく、常に謙虚でまっすぐな目をもっています。

これこそ人間が目指すべき生き方ではないでしょうか。

人と違うことこそ創造主が与えてくれたギフトだった！

私がリモート・ヴューイングの世界を探求しようと思ったのも、ジョーの人柄に触れたことが大きなきっかけとなっています。ジョーと会ったときには、生まれてはじめて自分と同じ「人種」に会ったという感激で、胸がいっぱいになりました。

「私だけじゃなかったんだ！」

私は子ども時代には、自分が見えたまま、感じたままのことを言ったせいで父親に叱責されたり、泥棒呼ばわりされたり、クラスメイトからも気味悪がられる経験をしてきました。後ろ指を

プログラム参加者に研究施設の案内をするスキップ・アットウォーター。

指されて「植田さんて変な子よ」と言われてきたのです。

自分と同じような人はまわりには一人もいなかったので理解も得られず、ずっと孤独な思いで生きてきました。

しかし、モンロー研究所に行ってみたら、目の前に同じような経験を共有できる人がいたのです。自分のほかにもサイキックな人間がいて、そういうことが当たり前のように話せる場所があったのです。

やっと仲間に巡り会えたという喜び、胸のつかえがすーっと消えていく開放感、そして、全宇宙から祝福されるような、満たされた思いが一度に押し寄せてきました。

「私っておかしくなかったんだ。人と違うことは、むしろギフトだったんだ！

超常的な能力があるがゆえに、苦しい思いをしている人は私だけじゃないはず。

家族や友だちからも理解されず、誰にも言えず一人で耐えている人のために何かしたい。私にいったい何ができるだろう……。

私も彼と同じように、能力を活かして世のため、人のために働きたい。サイキックな能力が世の中のために役に立つことがわかれば、サイキックな子どもたちが色眼鏡で見られることもなくなる。一人で苦しまなくて済むし、思う存分能力を活かす道が開ける！」

そのとき、幼い頃に経験した辛い思いのすべてが報われたような気がしました。なぜなら、辛い経験がなければ、人の苦しみがわからないし、苦しみから解放されるためにどうしたらいいかもわからないからです。

それは何も、超常的な能力に限ったことではありません。背が小さいとか大きいとか、太っているとか痩せているとか、人前で話すのが苦手だとか、人それぞれに悩みやコンプレックスはあるでしょう。

でも、人と違う部分を隠したり、そのために心に壁をつくったりする必要はないのです。人と違うことこそ、創造主が私たちみんなに与えてくれたギフトなのですから。

ヘミシンク・プロセスと効果絶大のメンタル・ツール

次に、ヘミシンクの仕組みとプログラム参加者が学ぶメンタル・ツールについて、簡単に説明しておきましょう。

モンローは、自分が体外離脱しているときの脳波の状態を医師や物理学者らに調べてもらい、それと同じ脳波になる音響システムの開発に取り組みました。

それが「ヘミシンク」です。

ヘミシンクはヘミスフェリック・シンクロナイゼーション（大脳半球同調）の略で、その基本的な原理は、「バイ・ノーラル・ビーツ」といって、左右の耳から少しだけ違う周波数の音を聞かせるというものです。たとえば右の耳から一〇〇ヘルツ、左の耳から一〇四ヘルツの若干異なる周波数の音を聞くと、その差に相当する脳波が生じます。そのため、聴く人の意識状態をその脳波に相当する状態に誘導することが可能になります。四ヘルツは脳波でいうとθ《シータ》波に相当し、θ波は、リラックスして眠りにつくときの脳波の状態です。

ヘミシンクは、二十数種類の異なる周波数をブレンドしたもので、聴く人の意識を覚醒状態、瞑想状態、熟睡状態など、自在に誘導できる音響システムです。

モンローはこれに着目し、聴覚への刺激を利用するノウハウを確立したのです。

肉体は眠っているけれども、意識は起きている状態を経験したことがある人は多いと思います。ただ、通常ですと、体が眠っていて意識が起きている状態を保つのは難しく、多くの人はそのまま眠りについてしまいます。

そこでモンローは、リラックスしやすい音と、意識を目覚めさせる音を組み合わせたのです。

さらに、ほかの何人かの体外離脱者たちの協力を得て、さまざまなメンタル・ツールを開発しました。メンタル・ツールにより、ヘミシンクの効果は補強され、短期間のトレーニングによって、誰でも変性意識状態になれるプログラムが完成していきました。

呼吸法やメンタル・ツールを用いた一連のプロセスであることから、ヘミシンクを使ったゲートウェイをはじめとするトレーニング・プログラムは「ヘミシンク・プロセス」とも呼ばれます。メンタル・ツールとは、ヘミシンクを聴きながら使用する想像上の道具ですが、意識の状態をコントロールするうえで重要な役割を果たします。

メンタル・ツールには、次のようなものがあります。以下の説明は、坂本政道、植田睦子共著『ヘミシンク入門』(ハート出版)およびアクアヴィジョン・アカデミー基礎コースのインストラクションより引用・改変しています。

1. エネルギー変換箱(Energy Conversion Box)/雑念を入れる箱

心のなかに箱を思い描き、そのなかに心配事や気になることをすべて入れます。そうすることで、それらを忘れ、何ごとにもとらわれることなく自由にエクササイズに集中できます。

ヘミシンクを利用した変性意識のトレーニングは、ゲートウェイ・ヴォエッジから始まりますが、このトレーニング用CD(ゲートウェイ・エクスペリエンス第一巻 Wave 1)には、エネルギー変換箱のつくり方のインストラクションが入っています。

まず、ヘミシンクを聴きはじめるとすぐに波の音が聞こえてきます。波の音には心を静め、リラックスさせる効果があります。波の音に身体と心を委ね、ゆったりとした気持ちになってきます。

次に、言葉によるガイダンスが聞こえてきますので、その声に従って箱を想像します。この箱をエネルギー変換箱といいます。箱はどんなかたちでもかまいません。

そのふたを開け、エクササイズに集中することを妨げるすべてのことを入れます。仕事のことや家庭のこと、心配事や不安、恐怖心、さまざまな雑念などを入れます。痛みやかゆみ、喉がイガイガするなど、体の不具合があれば、それも入れてしまいます。

そして、ふたを閉めたら、箱から離れます。そうすることで、ヘミシンクを聴いているあいだ、雑念に邪魔されることがなくなります。

2. リゾナント・チューニング（Resonant Tuning）／生命エネルギーを取り込む

肉体とエネルギー体の流れを増し、バランスを整えるための呼吸を使ったエクササイズです。

非物質の生命エネルギーを体内に取り込むことで、心身を活性化します。

ロバート・モンローは体外離脱の際に体感する体を「セカンド・ボディ（第2の体）」と呼びました。この、第2の体は、現代科学では知られていない非物質のエネルギーでできていると考えられており、このエネルギーを「第2状態のエネルギー（second-state energy）」と呼んでいます。これが、非物質の生命エネルギーです。

これは、気功でいう「気」、インド・ヨガでいうプラーナにあたります。近年、ゼロ磁場にもこのようなエネルギーが発生することがわかっており、物理学者をはじめ、科学者たちは、これを「フリー・エネルギー」と呼んでいます。

この生命エネルギーを体に取り入れるのが、レゾナント・チューニングです。

まず自分のまわりに、光輝く生命エネルギーが満ちあふれていると想像します。母なる大地からは、豊かでみずみずしいエネルギーを、大宇宙からは精妙かつパワフルなエネルギーを、息を吸うときに全身に吸い込みます。

次に息を止め、全身の隅々まで生命エネルギーで満たされることを想像します。

そして、ロウソクを静かに吹き消すように息をゆっくりと吐きます。この際、全身のよどんだ古くなったエネルギーが足の裏から出ていくことを想像します。

そして、息を吐くときに、「アー」「オー」「ウーム」というような声を出します。バックグラウンドに流れる音に合わせても、合わせなくてもかまいません。自分にとって心地よいペースと音程で声を出します。実際に声を出すことでエネルギー体の共鳴振動が起こり、それがエネルギー体を活性化します。

3. アファーメーション（Affirmation）／自分と全宇宙に宣言する

アファーメーションの全文は、次の通りです。

私は肉体を超える存在です。私は物質（肉体）を超える存在ですので、物質界を超えるものを知覚することができます。それゆえ、私と私に続く人たちにとって有益でプラスになるような、物質界を超えるエネルギーとエネルギー系を広げ、経験し、知り、制御し、使うことを心より望みます。さらに、その知性と発展段階および経験が、私と同格か、あるいは同格以上の知的生命体の手助けと協力、助力ならびに理解を心より望みます。

全文を暗記して唱えるのは面倒なので、次のように要点のみを覚えます。

① 私は肉体を超える存在です。
② 物質界を超える非物質界とそのエネルギーを体験し、知ることを心から願います。
③ 知的存在たちの手助けと導き、守護をお願いします。

また、アファーメーションには入っていませんが、もう一つ大切な要素として、感謝の気持ちがあります。そこで、4番目として「ありがとう」と付け加えます。

モンロー研究所では、次のような考え方が重視されています。

An attitude of gratitude creates a space for grace.（感謝の気持ちが恵みの受け皿をつくる）

感謝の心をもっていると、ガイドなどの知的生命存在からさまざまな情報を受け取ることが可能になります。

4. リゾナント・エナージー・バルーン（Resonant Energy Baloon）／共鳴エネルギー・バルーン

これは外部のエネルギーの影響から、自分を守るエネルギーの風船です。

レゾナント・チューニングで蓄えた生命エネルギーを、頭から噴水のように吹き出し、体のまわりを通って足のほうへ下ろし、さらに足の裏から体内に取り込みます。次に下ろしてくる際に、身体のまわりを回って螺旋状に下ろします。右回り、左回り、両方やります。これを何度も行ううちに、自分のまわりにマユ状の透明な膜のようなものができあがります。カプセルとか風船のようだと言う人もいます。

これはすべて自分のイマジネーションのなかで行いますので、見える人もいればまったく何も見えない人もいます。なんとなく、そこにあるような気がする、なんとなく温かいもので覆われている感じがする、圧力を感じる、守られている感じがする、でいいのです。

横に寝ながらやったのでは、うまく想像できないという人もいます。そういう人はイスに腰掛けてやってもいいし、イマジネーションのなかで、自分の体が立ち上がっていると考えてやってもいいでしょう。両手で頭のてっぺんに触り、手の平を外に向けて腕をまわし、空気を包み込むようにしながら、体を包む球をつくるような感じで手を下へ下ろします。それを繰り返してイメージをつかみます。

5. リリース&リチャージ（Release and Recharge）／不必要な恐れからの解放

このエクササイズは、心を浄化し、バランスを整え、活性化する働きをもちます。

人は誰しも生まれてから成長する過程で、知らず知らずのうちにいろいろなことに対する恐れを身につけてしまっています。恐れのなかには、生きていくうえで絶対に必要なものもあります。たとえば、高いところに上るときや、ジェット・コースターで猛烈なスピードで急降下したりするときは恐いと感じますが、それは命を守るために必要なことです。

ところが、なかにはもう必要としないような恐れも、心のなかに抱えてしまうことがあります。たとえば、人前で話すことに対する恐れです。こういった恐れは自分自身に制限をかけています。

そこで、このエクササイズでは、もう必要なくなった恐れを取り除きます。

たとえば、人前で話すことへの恐れには、必ずもとになった体験があります。小さい頃に人前で話して笑われたといった体験です。体験そのものは忘れてしまっても、そのとき抱いた「恥ずかしい」という感情が残り、それが恐れとして残るのです。

このエクササイズでは恐れの元になった体験を掘り起こし、それを自覚します。そのときの自分を把握し、いまの大人の視点から「あのときは大変だったね」と子どもの自分をいたわります。そうすることで、ほっと安堵することができ、この体験とそれにともなう感情、さらには恐れを解放することができます。

これには、エネルギー変換箱を使います。

まず箱のところへ行きます。そしてふたを開け、最初に出てくる「恐れ」が何であるかを把握します。たとえば、「人前で話すことに対する恐れ」です。

そして、その恐れを箱から取り出し、遠くへ放ちます。ちょうど水中で泡がボコボコと上がっていくように解放します。

次に、この恐れの下に隠れていた「感情」を感じます。たとえば、「恥ずかしさ」です。それと同時にその元になった「体験」も思い出します。たとえば、小学校一年のときにみんなの前で話したら笑われた体験です。

感情と体験を箱から取り出し、上へ放ち、解放します。こうすることで、この恐れと感情によって覆い隠されていた部分があらわになり、本来の自分を取り戻すことができるのです。

もちろん、子どもの頃の体験でなくてもかまいません。何度もエネルギー変換箱のところへ行き、ふたを開け、出てくる「恐れ」を感じ、遠くへ放つ、このプロセスを繰り返します。

6. エナージー・バー・ツール（Energy Bar Tool）／万能の〝光のバー〟

これは、心のなかで想像してつくる光のバーです。これを使えば、非物質的なエネルギーを効果的に蓄え、さまざまな目的に使うことができます。自分の思い通りに変幻自在に使えるエネルギーの棒であれば、どんなものでもかまいません。映画『スター・ウォーズ』に出てくるライト・セーバーのような、エネルギーを蓄えた光輝く棒、あるいは、孫悟空のもつ如意棒でもいいでしょう。

まず、白く輝く光の点をイメージします。それを伸ばして光の線にします。さらにそれを光の筒にします。蛍光灯の管をイメージしてもいいでしょう。光輝く管です。そのなかにはエネルギーが満ちあふれています。これがエナージー・バー・ツール（ＥＢＴ）です。

ＥＢＴは、いろいろな用途に利用できます。護身用として、自分の身を守ってくれるものとして利用してもいいし、肉体の具合の悪いところを癒すものとしても使えます。

また、遠くにいる家族の様子を知りたいとき、ＥＢＴをそこまで伸ばしていき、家族の様子を知ることができます。

質問を投げかけ、答えを得たいとき、質問を釣り竿にしたＥＢＴの糸の先につけ、遠くに投げて、リールを巻き上げると答えが得られます。また、ＥＢＴをブーメランにして、投げかけた質問が自分に返ってくるようにするという使い方もできます。

ヘミシンクで行う意識のチューニング

ここまで「変性意識」という言葉を使ってきましたが、これは、深いリラックス状態や瞑想状態のことで、通常の意識状態とは異なる場合はすべて変性意識です。ですから、その範囲は私たちが考えているよりも広大なものになります。

私たちの脳は、ふだんはわずか五％程度しか使っておらず、残りの九五％は眠っていると言われます。通常の意識下で知覚できる範囲も、ふだん使っている脳の範囲と同じくらいに限定されているとすれば、それ以外の変性意識の世界のほうがずっとずっと大きいことになります。

もし、私たちがこの変性意識を探索しようと思っても、なんの知識もなければ、探索のしようがありません。また、なんとか探索に乗り出しても、それは、恐ろしく非効率なものにならざるを得ないでしょう。

これは、羅針盤ももたずに、大海原にこぎ出すようなもので、すぐに自分がどこにいるのかわからなくなってしまいます。

そこで、モンロー研究所では、意識のフェージング・モデルを用いて、変性意識の世界を探索する手がかりとしました。意識のフェージング・モデルについて、モンローは次のように説明しています（左図参照）。

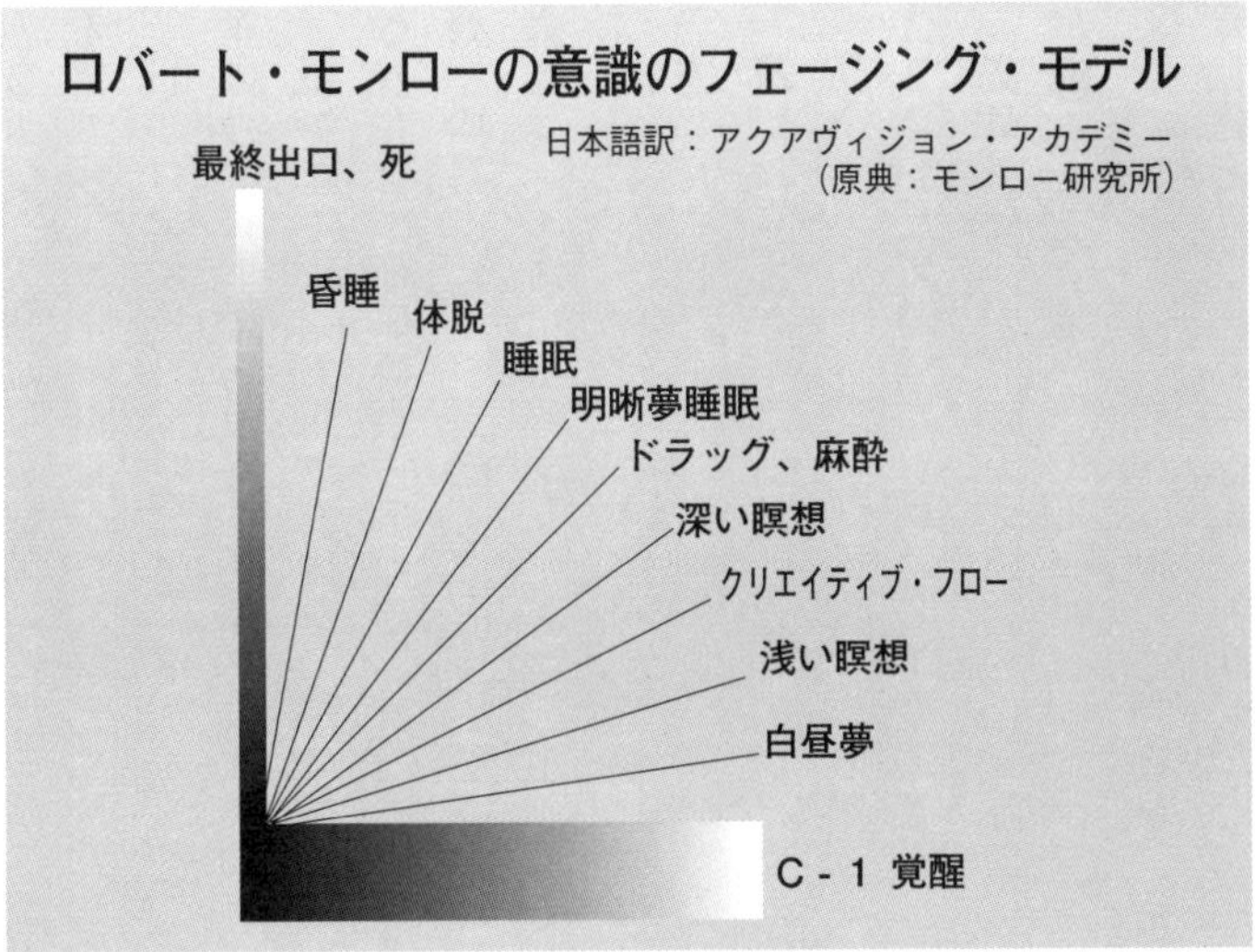

主要フェーズとは、精神が肉体の五感からの情報や、肉体の活動に完全に集中している状態である。この状態から少しでもずれるとフェーズがシフトしていると見なされる。意識の幾分かはほかの状態に気づいている。一例は、注意散漫状態で、五感からの情報は強いままだが、精神の一部が「彷徨っている」。白昼夢と呼ばれる状態もその例である。ある種の瞑想状態も同様である。睡眠は別の意識状態へのフェーズ・シフトである。この場合、五感からの情報はほとんど感知されない（『究極の旅』[註4]より抜粋）。

「主要フェーズ＝覚醒」から死に至るまでのあいだの意識のフェーズには、白昼夢、浅い瞑想、クリエイティブ・フロー、深い瞑想、ドラッグ・麻酔、明晰夢、睡眠、体外離脱、昏睡があります。通常は、

註4　Robert A. Monroe, Ultimate Journey, Main Street Books『究極の旅』（塩崎麻彩子訳、日本教文社刊）

主要フェーズ以外の意識のフェーズを自分でコントロールすることは難しいと考えられています。

しかし、モンロー研究所では、ヘミシンクやメンタル・ツールを使ったトレーニングによって、意識のフェーズを、自分でコントロールする方法を開発することに成功したのです。

モンローは、人間の肉体を、意識のチューニングができるマシーンにたとえています。ラジオやテレビの受信機が、さまざまな周波数のなかのある特定の周波数帯に合わせる(チューンする)のと同じように、人間も、肉体(チューニング・マシン)を使って、精神の状態をある特定の意識のフェーズにチューンすることができると考えたのです。

さらに、チューニングされた意識のフェーズを「フォーカス」と呼び、変性意識世界の探求の目安としました。

次に、さまざまなフォーカス・レベルの特徴を紹介します(『ヘミシンク入門』引用・改変)。

【フォーカス10】

肉体はすっかり眠っているのに、意識ははっきり目覚めている状態です。自分の寝息やいびきが聞こえます。

この状態では、肉体は眠っているか、完全にリラックスしています。そのため、五感からの知覚はほとんどありません。しかし、心だけは目覚めてはっきりしています。

この状態は、非物質である自分、つまり「意識」が物質である肉体の束縛から自由になりはじめる状態です。ふだんでも、眠りに落ちるときにこの状態を通過していますが、通常は、意識が目覚めていないためにそれを知覚できていません。

フォーカス10では、しばしば「体の境界が判然としない」「ふくらんだような感じがする」「体の一部に振動が感じられる」「眩暈《めまい》や地震のときのような揺れを感じる」「金縛り」「夢の断片のような映像が見える」「誰もいないはずなのに、誰かの話し声が聞こえる」などの体験が報告されています。

［フォーカス12］

知覚・意識の拡大した状態です。この状態では、意識は肉体的・空間的な束縛から自由になります。心が開いた状態で、空っぽになります。そのため、意識が肉体を超えて広がっていくような感覚を覚えます。

この状態になると、意識が本来もっている潜在的な把握能力が顕在化し、超感覚的知覚（ESP）が起こりやすくなります。ただし、五感を超えた知覚であっても、視覚映像や音、匂い、味、皮膚感覚で把握する場合があります。また、単に「わかる」「知る」というかたちで把握する、いわゆる「ひらめき」「直感」などを得られるのもフォーカス12と考えられます。ガイドやハイヤー・セルフといった、非物質存在からのメッセージを受け取ることもあります。

フォーカス12では、「頭が上へヌッと出た感じ」「視界が広がった感じ」「自分が大きく広がった感じ」「離れたところから自分の肉体を見ている」「離れたところにいる人のことを考えると、その様子が具体的にわかる」「匂いや声、空気の流れなどにより、その場にいない人の気配をリアルに感じる」などの体験が報告されています。

【フォーカス15】

フォーカス12が空間的な束縛から自由になる状態ですが、フォーカス15ではさらに時間的な束縛からも自由になります。そのため、フォーカス15は「無時間の状態」と呼ばれます。

時間の制約がないため、自分の過去や未来を見たり、体験したりすることも可能です。過去生の記憶を追体験する場合も数多くあります。

フォーカス15は、心の内面を探求するのに適した状態です。また、潜在性の状態とも言われ、何かを創造したり、具現化したりするのに適した場であるとも言われ、願望を実現するためにその設定を行うことができます。

さらに創造できるというフォーカス15の特性を利用して、その反対に、自分のイヤな面や、失敗、不必要な思いこみ、ため込んだネガティブな想念などをなくして白紙に戻すこともできます。

フォーカス15で体験する過去世の追体験は、人によってさまざまですが、全体的な印象としては、「真っ暗な奥行きのある空間」「無、空であると同時にぎっしり詰まった感じ」「動きがない」

「ねっとりとした感じ」「静かで、心から癒される空間」などが報告されています。

【フォーカス21】

時空の縁、ほかのエネルギー系への架け橋（The bridge to other energy systems）と言われます。

ほかのエネルギー系とは、非物質のエネルギー系であり「あの世」や「死後の世界」ともいいます。この世とあの世をつなぐ橋が架かっているところ、三途の川の此岸と彼岸を含む領域です。フォーカス21で、亡くなった肉親や恩師などと再会する人もいます。

全体的な印象としては、「白っぽくもやがかかっている」ことが多く、もやのなかに見える風景は人によってさまざまのようです。「白っぽいかすみのなかにいる。ほかには誰もいない」「白いもやの向こうに、森やお花畑が見える」「白っぽいもやがかかった河川敷にいる」「カフェテリアに人がたくさんいて、そこで故人と会える（ブリッジ・カフェ）」などの体験が報告されています。

ジョー・マクモニーグルも、リモート・ヴューイングのトレーニングの一環として、モンロー研究所のプログラムに参加し、意識のチューニング方法を学びました。

ジョーは、それぞれのフォーカスが、リモート・ヴューイングにとってどのようなものであるかについて、次のように話しています。

フォーカス10は、らば（Mule）、フォーカス12は馬（Horse）、フォーカス15は競争馬（Race Horse）、フォーカス21はサラブレッド（Arabian Horse）、フォーカス21以上はユニコーン（Unicorn）にたとえられる。

変性意識のレベルを自在にコントロールできるようになると、リモート・ヴューイングもより速く、効果的になるということのようです。

ゲートウェイ・ヴォエッジで体験するフォーカスは21までですが、ライフライン、ガイドラインズ、エクスポレーション27、スターラインズなど、ほかのプログラムに参加すると、フォーカス22以上の意識レベルを体験できます。

おもなフォーカスとしては、死者のいる世界（フォーカス23）や、信念体系領域（フォーカス24〜26）、魂の癒し、教育、再生などの計画センター（フォーカス27）、地球外生命系とのアクセス・ポイント（フォーカス35）、太陽系外の生命系へのアクセス・ポイント（フォーカス42）、銀河系外へのアクセス・ポイント（フォーカス49）などがあります。アクアヴィジョン・アカデミーのトレーナーである坂本政道氏の著作[註5]に詳しいので、ご参照ください。

メンタル・ツールによるセルフ・ヒーリングの効果

ヘミシンクを聞いて、変性意識をコントロールできるようになると、メンタル・ツールの効果も増大します。

非物質界では「想像は創造」に直結します。メンタル・ツールは、想像上の道具ですが、自分の想像したことが具体的なかたちになって現れ、ほかの人にも見えます。たとえば、ゲートウェイ・ヴォエッジでは、フォーカス12やフォーカス21などで、ほかのプログラム参加者と遭遇する例は頻繁に報告されています。

また、メンタル・ツールは、実際の肉体の痛みや疾患にも効果を発揮します。その効果には驚くべきものがあります。たとえば、外科的な方法で切除しなければならないような重大な疾患でさえも、メンタル・ツールでなくしてしまうことが可能なのです。

信じがたいことかもしれませんが、メンタル・ツールを使いこなせば、薬はいらないうえ、医師や病院のお世話になることも必要なくなってしまう場合があります。

その効果がどの程度のものなのかを知っていただくために、私の体験談を紹介します。

註5　坂本政道『死後体験Ⅰ～Ⅲ』（ハート出版刊）

止まらない痛みと出血

二〇〇四年九月のことでした。通常二日めぐらいに鎮痛剤を一回飲む程度ですんでいた生理痛が、そのときは激しいだけでなく、一週間も続き、おまけに出血も止まりません。日頃健康を自負していて病院嫌いの私も、さすがに異常を感じて婦人科に行きました。病院に行くのは、次男の出産以来一七年ぶりです。

病院に行って検査をすると、女医さんは私の子宮内の写真を三枚並べて、実に丁寧な説明をしてくださいました。

「診断の結果、子宮筋腫と左卵巣の水腫が見つかりました。子宮内膜症の疑いもありますが、これについてはもっと大きな病院を紹介するので、そこで検査をすることをお勧めします」

過去一七年間検診していないので、この子宮筋腫がいつから成長していたのかは不明でしたが、筋腫としてはかなり大きいものであること、治療法としては、手術して子宮を切除するか、ホルモン薬で強制的に閉経させてしまう方法があることなどがわかりました。

女医さんの説明を聞き、不安でしばし茫然としてしまいました。手術などに備えての貧血検査のため、採血用の注射針が腕に刺さった痛みで現実に戻りました。一週間で検査結果が出るので、再度来診するように言われました。そのとき具体的に、なんらかの治療を始めるということでした。

私はその日から四日後に、モンロー研究所のエクスプロレーション27（ＥＸ27）とライフラインというプログラムに参加するため、渡米することになっていましたので、帰国したら来る旨を伝えて、止血と痛み止めの薬をいただいて家に帰りました。

その道すがら、その日が誕生日であることを思い出して、まったく思いもかけない誕生日プレゼントをもらったけれど、これには何か創造主の意志が働いていて、何かの意味があるのだろうか、と自問していました。

小人さん、大活躍

私はアメリカに滞在中の二週間、毎日サン・ゲイジング（Sun Gazing＝太陽凝視）のトレーニングと小人のイメージ・トレーニングをすることにしました。メンタル・ツールを使ったヒーリングのイメージ・トレーニングをするのに、絶好のチャンスだと思ったのです。

モンロー研究所は、いつ行っても本当に気持ちのいいところです。ヴァージニアのブルーリッジ山脈の稜線に朝日が昇ってくるのが見えます。

まず、木々に囲まれた、すがすがしい波動のいい丘に立って、宇宙のエネルギーが体いっぱいに満ちるイメージをしながら、丹田呼吸を繰り返します。

次に、体にため込まれた汚れを、足の裏から全部大地が吸いとり浄化してくれるイメージを思い浮かべながら、息を吐き出します。それから静かに座りリラックスして、自分が小さく小さくなって、ついに呼吸とともに鼻からすっと身体のなかに入っていくイメージをします。問題のある子宮まで一直線に進んで調べます。

まず小人さんは、子宮内膜のあちこちにへばりついているレバー状の血の塊を、落ち葉を掃く庭ぼうきのような道具で、すべてきれいに掻き出して取ってしまいました。次に小人さんは、エナジー・バー・ツール（EBT）を使用します。

大きく膨れあがって筋のように硬くなった子宮に、小人さんが手にもった懐中電灯型の最先端治療器（EBT）から、レーザー・ビームのようなまばゆい光線を二度、三度と照射します。すると硬かった筋腫が赤ちゃんのほっぺのように、ピンク色でやわやわにやわらかくなりました。腫れもほとんどなくなって、正常な子宮の大きさになりました。二〇歳のときのように若々しい子宮です。卵巣の水腫にも、同じく輝く光線を当てると、すっかり水も腫れもなくなって正常な姿に戻りました。

小人さんはなおも入念に調べています。そして「うん、これでよし！」と言いました。私が「ありがとう」と言うと、OKサインを出してにっこりしました。毎日このようなイメージを、日によってバリエーションを変えて行ったのです。

参加していたEX27というプログラムでは、フォーカス27という癒し・再生センター、教育センター、計画センターなどを訪れる機会があります。私は癒し・再生のセンターに行って、そこを維持運営している知的存在たちに、子宮の問題を話して治療をお願いしました。

すると、私は赤銅色をした金属の台のついている特殊な装置のなかに横にされ、頭と足の両方から、花火のようなカラフルな光線をあふれるように照射されました。

それが終わると、全身にエネルギーが満ちて、身体が軽くなったように感じました。

女医さんの困惑「子宮筋腫がモニター画面に映らない」

さて、帰国して忙しく過ごしているうちに、次の生理日が来てしまいました。でも痛みはまったくなく、生理であることを忘れるくらいでした。とうとう一錠の鎮痛薬を飲むこともなく終わってしまいました。こんな状態は久しぶりです。

数日して、女医さんを再訪しました。先生は診察台の向こう側で「ふーん」といいながらモニター画面を長々と見つめています。いい加減じれてきた頃やっと診察は終わりました。

女医さんは、実に言いにくそうに切り出しました。

「えーっと、二つの可能性があります。まず、子宮筋腫がこの一カ月であまりにも大きく成長したためにモニター画面に映らなくなっていること、そしてもう一つは、筋腫が消えている可能性です」

「先生、手術はしなくていいんですね」

「ええ、まあ、そういうことですね」

「先生、このあいだ経過を見るために、月に一度は診察に来るように言われましたが、次回はいつ来ればいいんですか」

「そうですねえ、来年のいま頃の定期検診でいいんじゃないですか。何か自覚症状でもあれば来てください」

病院を出ると、私は思わず「やった！」のガッツポーズをしていました。

メンタル・ツールのパワーの一端をご理解いただけたでしょうか。

ジョーが、背中の激痛に耐えることができたのも、メンタル・ツールを使って痛みのコントロールをしていたからです。ふつうの人ならベッドから一歩も出られないような状態であったにもかかわらず、ジョーがまるで健康体のように振舞っていたのを目の当たりにした私は、その効果を再確認しました。

私はモンロー研究所のほとんどのプログラムに参加しましたが、そのうちの一つに、RVプラクティカムがあります。これは、スターゲイト計画の作戦将校であり、長年モニター役を務めてきたスキップ・アットウォーターから、直々にトレーニングを受けられるプログラムです。

リモート・ヴューイングの入門者が知っておくべきこと

モンロー研究所での変性意識のトレーニングを経て、ジョーやスキップの導きにより、私はリモート・ヴューイングの世界へと一歩踏み出すことになりました。

私は、アメリカで最も優れた三人のリモート・ヴューイングの専門家たちから、三種類の異なるトレーニングを受けました。三人ともスターゲイト計画のメンバーです。これらのトレーニングは、いずれも生やさしいものではありませんでした。

トレーナーたちは、みな元軍人で、若いときから肉体的にも精神的にも、強い負荷に耐える訓練を積んでいます。彼らにとって、早朝から夜中まで休む間もなくトレーニングをするのは当たり前のことなのでしょう。

ですから、生半可な気持ちでトレーニングに参加すると後悔します。実際にトレーニングの参加者のなかには「もうリモート・ヴューイングに関わりたくない」と思ったと言う人もいました。

しかし、私は最初からトレーニングにのめり込んでいきました。トレーニングをやりはじめた頃は、とにかくターゲットをヒットすることしか頭にありませんでした。くる日もくる日も、封筒のなかの写真に何が写っているかを当てることに熱中していたのです。

トレーニングの一環として、五感を鋭くしたり、五感を超えた「超感覚」を磨くといったことにも意識を集中させていました。

そして、夢中でトレーニングを続けているうちに、気がつくとトレーニングそのものよりも、人間のもつ潜在的な能力の不思議さと可能性に魅せられていました。

この可能性を追求していった先には、何が待ち受けているのか——。

それを考えるたびに、私は内なる興奮と感動を覚えました。技術として取り組みはじめたリモート・ヴューイングは、いつの間にかもっと奥の深い「自分探しの旅」になっていたのです。トレーニングのあいだ、私は幾度となく果てしなく広がる時空に問いを投げかけていました。

「Ｗｈｏ ａｍ Ｉ？——私は誰なのか、どこから来てどこへ向かおうとしているのか——」

リモート・ヴューイングの精度を高めるために、感性を磨くトレーニングを繰り返していると、五感を超えた感覚が研ぎ澄まされていくのを感じます。やがてその感覚は「自分が肉体だけの存在ではない。肉体の限界を超える大いなる可能性の沃野が広がっている」感覚へと変わっていきました。肉眼で見える世界だけがすべてではないことを体感することもしばしばで、このトレーニングそのものが「霊性」を磨く行為にほかならないという気がします。

リモート・ヴューイングのトレーニングを通して、あらゆる事象がそれまでとは別の意味をもって見えてくるようになり、万物に対してにますます興味がわいてきました。世界は輝きを増し、毎日が喜びに満ちあふれたものになっていったのです。

彼らの厳しい訓練を受けたことによって、私はかけがえのない経験をすることができました。リモート・ヴューイングの奥深い世界をかいま見ることができたことは、幸運であり、ギフトであり、全宇宙からの祝福とさえ思っています。

次に、私がアメリカで受けた三種類のトレーニングと、そのトレーナーたちについて紹介していくことにします。

１・スキップのＲＶプラクティカム

［トレーナー］スキップ・アットウォーター／元米陸軍スターゲイト計画作戦将校、現モンロー研究所・研究部門最高責任者兼プレジデント
［開催地］ヴァージニア州モンロー研究所
［参加期間］二〇〇二年四月、六日間
［定員］二四名
［料金］一七九五ドル（日本円にして二〇万円±α）宿泊・全食事付
［ホームページ］http://www.monroeinstitute.com

２・ポール・スミスのコーディネイトＲＶ・ベーシック（初級）コース

［トレーナー］ポール・スミス／元米陸軍スターゲイト計画のリモート・ヴューワー、現ＲＶＩＳ（リモート・ヴューイング・インストラクショナル・サーヴィス）社プレジデント兼メイン・インストラクター
［開催地］テキサス州オースティン
［参加期間］二〇〇五年四月、四〇時間（たいてい木曜から火曜の六日間で日曜は休日）

［定員］二〜三名
［料金］二〇〇〇ドル（日本円にして二三万円±α）
　宿泊・食事別、ホテルは自分で手配する。※マンツーマンの場合二七〇〇ドル
［ホームページ］http://www.rviewer.com

３・ディビット・モアハウスのコーディネイトＲＶ

［トレーナー］デイヴィッド・モアハウス／元米陸軍スターゲイト計画のリモート・ヴューワー、現ＲＶＴ（リモート・ヴューイング・テクノロジー）社プレジデント
　兼メイン・インストラクター
［開催地］カリフォルニア州サンタローサ
［参加期間］二〇〇六年八月、七日間
［定員］数十名〜一〇〇名以上
［料金］九九五ドル（日本円にして一一・五万円±α）宿泊・食事別、ホテルは自分で手配する。
　またセミナー会場になる大学は周辺のホテルから遠いので、レンタカーが必要。
［ホームページ］http://www.remviewtech.com

スキップ・アットウォーターのＲＶプラクティカムにて。

リモート・ヴューイングの学び方

モンロー研究所のＲＶプラクティカムのトレーナーを務めるのは、アメリカ陸軍時代、ジョー・マクモニーグルの上官だった、スキップ・アットウォーターです。

スキップは陸軍を退いてから約二〇年間、モンロー研究所の研究主任を務めてきましたが、二〇〇六年一二月にローリー・モンローが亡くなってからは、同研究所のプレジデント（所長）を兼任しています。

第１章でもお話しした通り、スキップが上官にリモート・ヴューイングによる諜報活動を進言したことがきっかけとなって、プロジェクトは始まりました。ですから、インゴ・スワンがリモート・ヴューイングの父なら、スキップは、陸軍におけるリモート・ヴューイングの育ての親と言ってもいいでしょう。

いまでも、アメリカのリモートヴューイング界ではなくてはならない人材として、影響力があります。ですから、モンロー研究所のRVプラクティカムに参加すると、プロジェクトの中心に位置していた、スキップならではの話を聞くことができます。

スキップは、ジョーやほかのリモート・ヴューワーたちにモンロー研究所のゲートウェイ・ヴォエッジに参加することを勧めましたが、それはジョーも言っているように、ヘミシンクやメンタル・ツールを使った意識のコントロールの効果が高いためです。

変性意識をコントロールする方法を学ぶことは、リモート・ヴューイングの際の意識のコントロールにも役立ちます。ヘミシンクには、精神を鎮めたり、集中力を高めたりする効果がありますし、プログラムを通じて非物質界のエネルギー系に親しむことで、宇宙のマトリックスにアクセスしやすくなると考えられます。

宇宙のマトリックスとは、アカシック・レコード（人類の過去から未来までの、意識上にのぼる歴史すべてが記録されているデータバンク）よりももっと巨大で根源的な、ホスト・コンピュータのようなものです。

マトリックスは、全宇宙そのものと言ってもいいでしょう。

宇宙がビッグ・バン以前にもともと一つであるとしたら、すべての存在はマトリックスとつながる要素を備えているはずです。

リモート・ヴューイングは、人間が本来もっている五感を超えた、超感覚的知覚能力を利用するものですが、このような知覚を可能にしているのが、宇宙のマトリックスからの情報だと考えられています。マトリックスからの情報は、フォトンや素粒子よりも、さらに精妙な波動として私たちのもとにやってきます。

心と思考を落ち着けて、マインドをオープンにして意識を対象に向けていれば、その波動をキャッチできます。というよりは、人間の潜在意識はそうした情報をキャッチしているので、それを知覚し、言葉やスケッチで描写すればいいのです。

ヘミシンクを聴いて、脳波を一定の状態にコントロールしながら、非物質系のエネルギー系に親しむことは、このような超感覚的知覚を強化するのに効果的であると考えられるのです。

体外離脱とリモート・ヴューイングとの違い

ヘミシンクや変性意識のコントロールは、リモート・ヴューイングに役立ちますが、リモート・ヴューイングと体外離脱やその他の変性意識状態というのは、まったく異なるものであることを知っておく必要があります。

それは、これまでにも述べてきた通り、リモート・ヴューイングは、プロトコルにのっとったものであり、そうでないものはリモート・ヴューイングとは言わないということからも、理解していただけるのではないかと思います。
またジョーは、リモート・ヴューイングと体外離脱の違いについて、次のように話しています。

リモート・ヴューイングは、体外離脱とは、まったく異なるものだ。

たとえば、この部屋にいる私たちがターゲットだとすると、体外離脱状態では、私は部屋内部の空中に漂い真上から、通常の感覚で私たちを見る、聞く、触ることができる。

肉体はこのままで、しかも自分の眼で見るように見える。見え方は非常にはっきりしている。

このテーブルの分子の動きも見えるし、あなたと私もはっきり見える。

テーブルの上から、乗せた手を通過させることもできるし、顔を通すこともできる。色は非常に鮮やかでイキイキしている。

また、私の肉体がどこにあって、それをどこにおいてきたかを覚えていられる。

しかし、あなたや私の心のなかに入って行けない。

あなたが何を考えているかわからないし、二階のオフィスで何が行われているかは、天井を突き抜けて見に行かないとわからない。

一方、この部屋をリモート・ヴューイングしたときの状態は、これとはまったく異なる。

私の肉体はどこか別の場所にあり、私のマインド（思考と心）はこの部屋をイメージする。

イメージしていると、マインドのなかにぼやけた映像（絵）が出てくる。

これは、マインドに絵を描くように見えてくる。

この部屋がどんな部屋か、あなたがどんな感じか、ぼやけた映像が見え、あなたがいったい何を考えているかを考えることができる。あなたのマインドのなかにある可能性のあるほかのことも考えられる。

この二階にあるオフィスのことを考え、誰がそこにいるだろうかと考える。私はこの場所、つまり建物の絵を描いているようなもので、部屋を加えたり、取り去ったりする。必要な情報を加えたり、不必要な情報を削除したりする。その情報は正確、不正確に関わらず、私の思いのままだ。

リモート・ヴューワーとして、マインドのなかでかなりのことができる。

私は正確に建物を描くことができるし、この建物のなかにあるもの、建物にいる人々が何を考え、どんな生活をしているかを告げることができる。

私は彼らがマインドのなかで何を考え、どんな友だちがいて、昨夜の夕食に何を食べたか、ということなどをたくさん伝えられるが、これはとても簡単なことだ。

一方、体外離脱ではこれほどの情報を得ることはできない。

しかし、たとえば、ここにあるテープレコーダーのなかに何があるか知りたければ、レコーダーのなかに顔を入れて見回して、それから詳しく描写できる。

リモート・ヴューイングでは、それはできない。

たぶん、それは録音機器で、誰がつくったかなどをあなたに伝えられるだけだろう。

ジョーは、モンロー研究所でロバート・モンローとともに、かなり集中的にリモート・ヴューイングと体外離脱の両方のトレーニングをしたそうです。モンローはそのときのジョーの脳波の状態などについてもデータを取っており、そうした経験からジョーは、両者の違いを明確にとらえているようです。

その話を聞く限り、ターゲットに関する正確な情報を得るには、リモート・ヴューイングのほうが適しているようです。

スキップのRVプラクティカムは、米陸軍で行われていたやり方にのっとったものですが、そこに、ヘミシンクやモンロー研究所で蓄積されたノウハウが、加えられている点が特徴と言えるでしょう。

超常現象に理解のある両親に育てられたスキップ

スキップが、CIAのケネス・クレス博士による諸外国のサイキック・スパイの研究やモンロー研究所、変性意識などについての知識と関心をもっていたことは、両親からの影響があると考えられます。

スキップの両親は、超常現象や超能力に関する知識をもった、超心理学者だったそうです。そういう両親の下、スキップは、幼い頃から超常現象や超能力に関する知識に親しんで育ちました。

スキップがいつも話してくれる幼い頃のエピソードがあります。

子どもの頃、スキップはよくおねしょをしてしまっていたそうです。あるとき、夜中におねしょをしてしまったことで、自分で自分に腹を立て、大きな声で何度もお母さんに訴えました。

「僕、ちゃんとトイレに行ったんだよ！」

するとスキップのお母さんは、「わかっているわよ。でもね、今度からちゃんと体も一緒に連れてトイレに行くのよ」と言ったそうです。

スキップの意識は寝ているあいだに体から抜け出してしまっていたため、意識だけトイレに行って、体はベッドで寝ていたのです。

お母さんにそう言われて以来、スキップはのおねしょはおさまったそうです。

スキップは、そういった知識のある母親をもったことに感謝していると言っています。

また、子どもの頃、スキップは夜中に体外離脱して、友だちや好きな女の子の部屋に遊びに行っていたそうです。なかなかおちゃめです。

このようにスキップは、幼い頃から当たり前のこととして、超常的な現象に親しんでいました。おかげで私たちがいま、リモート・ヴューイングについての知識を得ることができるのです。私もスキップのお母さんに感謝したくなります。

このような子ども時代を過ごしたスキップにとって、諸外国のサイキック・スパイ計画、わけても、ロシアのサイコトロニクスの研究について知ったとき、アメリカでもそれに取り組むべきだと考えるのは当然の流れと言えるでしょう。

さて、心温まる話を聞かせてくれる気さくなスキップですが、リモート・ヴューイングの講義や訓練では、軍隊式の厳しさをみせます。トレーニングは、午前九時から始まり、夜は一一時までスケジュールがびっしり詰まっています。

スキャネイトという名前で始まったCIAとSRIの研究、そしてゴンドラウィッシュという名前で始まった陸軍の計画についての講義や解説があり、それから実際に軍で行われたリモート・ヴューイングの訓練に入っていきます。

リモート・ヴューイングの三つの手法

スキップのRVプラクティカムでは、前出のアメリカのリモート・ヴューイングの歴史や方法論など全体をバランスよく学ぶことができます。

リモート・ヴューイングは、その手順の異なる三種類のメソッドがあります。

CRV（コーディネイト・RV）、ERV（エクステンディド・RV）、ARV（アソシエイテイブ・ＲＶ）です。
それぞれの特徴は次のようなものです。

１・ＣＲＶ（Coordinate Remote Viewing）

モニターとヴューワーがペアになり、厳密なプロトコルに従って行います。コントロールド・リモート・ヴューイング（Controlled Remote Viewing）とも呼ばれます。ＥＲＶと違って、瞑想状態に入る必要がありません。

ターゲットを示す番号（あるいは座標）を与えられたあとにイディオグラム（神経の反射で腕、手、指が自動的に動くに任せて描くこと）を走らせて情報を検出し、デコーディング（解読）するという作業を繰り返しターゲットをとらえます。

ＣＲＶのプロトコルにはステージⅠからⅥまであります。

ポール・スミスやリン・ブキャナンがこのＣＲＶを得意としています。

ポール・スミスのセミナーでは、ＣＲＶの厳密なプロトコルを学ぶことができます。ベーシック（初級）コースでステージⅠ～Ⅲ、インターミディエイト（中級）でⅢ～Ⅴ、アドヴァンスト（上級）ではⅤ～Ⅵを学ぶことができます。本書では、Ⅰ～Ⅲについて、詳しく紹介します。

※リン・ブキャナンも、ジョーやポールと並び、超一流のリモート・ヴューワーの一人ですが、

本書では残念ながら紹介できませんでした。興味のある方は、宇佐和通さんの前掲書に詳しいのでご参照ください。リンのセミナーを受講したことのある私の友人ナンシー・ジィーン（テキサス州在住）は、彼は話が面白く、楽しい人だと話していました。

2・ERV（Extended Remote Viewing）

通常は、モニターとヴューワーがペアになって行います。CRVとは異なり、ヴューワーは瞑想状態で行います。

モニターは、瞑想状態に入ったヴューワーにターゲットを示す番号（あるいは座標）を与えます。

ヴューワーは知覚したデータを口頭でモニターに伝え、セッション終了後にスケッチと要約を書きます。口頭でやり取りをするので、場所や時間の移動などの展開が早いというメリットがある反面、ヴューワーが瞑想状態に入ることができないと、うまくいきません。

ジョー・マクモニーグルやディビット・モアハウスがERVを得意としています。

ディビット・モアハウスのリモート・ヴューイング・テクノロジー社では、CRVとERVのセミナーを行っています。

また、ジョーの場合は、長年の訓練により、モニターなしでも十分に正確な情報を知覚できる方法を習得しているそうです。

3・ARV（Associative Remote Viewing）

厳密なプロトコルがあるCRVと比べて、ARVには厳密なプロトコルがありません。ヴューワーが情報を得るために有効な方法であると判断できる限り、どんな方法でも行うことができます。そのため、ポール・スミスは、ARVは厳密にはリモート・ヴューイングではないと言っています。

ARVでは、ヴューワーは、将来起こる事柄に関する情報をキャッチします。

通常は、ターゲットは二者択一の形式にしぼり込まれます。

たとえば、来月に予定されているサッカーの試合で勝つのは、チームAか、チームBかというふうに二者択一の結果が出るようなものをターゲットとします。

フロント・ローディングを避け、ダブル・ブラインドを守るために、サッカーとはまったく関係ない写真と試合結果を書いた紙を封筒に入れておきます。たとえば、チームAをほうれん草の写真、チームBをトマトの写真とペアにしておくのです。

そして、モニターは、ヴューワーに、来月の○日に、この封筒に入る絵を見るように伝えます。ヴューワーは、それがサッカーの試合の結果についてのリモート・ヴューイングだとは知らずに、将来その封筒に入る写真を予測します。

封筒には、将来、ゲームで勝ったほうのチームと結びつけられた写真が入ります。

ヴューワーは知覚したものを絵と言葉で描写し、記録します。たとえば「緑」「草」「ふさふさしている」「地面から生えている」などの描写があれば、チームAの勝利が予測されたことになります。また、「赤い」「丸い」「ぶら下がっている」などの描写があれば、チームBの勝利が予測されたということです。

ポール・スミスは、CRVのほかに「アソシエイティブRV・コース（四日間）」を開催しており、リモート・ヴューイングをビジネスや投資に活かす方法を学ぶことができます。

このコースのカリキュラムは、次のような内容で構成されています。

ARVの基本原理／問いと答えのフィードバック／ターゲット選びの原則／ターゲットの構築方法／ARVでできること／ターゲットの比較と基本的な識別方法／ターゲットとセッションの判定方法／フィードバックの原則／進歩を記録する／ARVの問題と特質／投資媒体／宝くじなどを利用した卒後演習

また、リモート・ヴューイングを投資やビジネスに利用したい人を対象に、スキップは「イントゥイティブ・インベストメント（Intuitive Investment）」というセミナーを行っています。これは、ARVの手法で行われます。

たとえば、投資対象とまったく関係ない写真をペアにして封筒に入れておき、相場が上がるか下がるかを判断します。特定の銘柄の株や外国為替、商品先物市場で取引される鉱物資源やエネルギー資源、農産物など、どんなものでも投資の対象となり得ます。

ARVを使って投資などを行う場合には、ある一つの対象について、セッションが何回か継続的に行われます。そのため、一つのセッションの結果をどのようにして次のセッションにフィードバックしていくかが、複数回にわたるセッションのトータルな成否を左右します。

スキップのRVプラクティカムでは、参加者は、モニター、ヴューワー、ジャッジの三つの役割を体験しますので、ARVの基本的なメソッドを学ぶことができます。

ちなみに、スキップのイントゥイティブ・インベストメントでは、銀などの商品市場に投資し、取引回数に対して約六四％のヒット率となっているそうです。アメリカでは、何人かの仲間がお金を出し合って、確率統計論的に成功率の高い方法で投資をする、投資クラブが増えているそうですが、イントゥイティブ・インベストメントは、リモート・ヴューイングを使った投資クラブといっていいでしょう。アメリカ人は一般に、日本人よりも資産の管理・運用に関する意識が高いため、このようなかたちでRVが活用され、一定の成果をあげています。

リモート・ヴューイングにへミシンクを使うメリット

スキップのRVプラクティカムは、リモート・ヴューイングに関する情報を網羅的に学べることから、初学者向きと言えます。

私も、RVプラクティカムに参加し、どこに行けば、それぞれの方法をより深く学べるか、信頼できるトレーナーや、教材などについての情報を得ることができました。

RVプラクティカムでは、セッションの前にヘミシンクを使います。

ロバート・モンローは、ジョーがリモート・ヴューイングを行うときのために、特別なテープをつくりました。RVプラクティカムでは、それとまったく同じものではありませんが、リモート・ヴューイングに最適なCDを使ったセッションがあります。短時間で精神を鎮め、リラックスさせ、最適な状態へと意識をコントロールできる点は、非常に効率的と言えます。

また、ディビット・モアハウスは、CRVのほかにERVのセミナーも行っていますが、その際、参加者はヘミシンクに類似の瞑想用CDを使用します。

ただし、ヘミシンクを使わなければ、リモート・ヴューイングができないというわけではありません。ヘミシンクを使うと効果が上がるのは、瞑想状態で行われるERVで、覚醒状態で行われるCRVでは、ヘミシンクのような瞑想のツールは必要としません。

そのため、ポール・スミスは「どんな道具にも頼るな」といいます。リモート・ヴューイングでは、自分の意識をコントロールする能力がとても重要になってきますから、何かに頼ることなく、自分だけの力で行わなければならないと言うのです。

また、リモート・ヴューイングは視覚的な情報だけでなく、聴覚的な情報も使うので、聴覚にはできるだけ別の刺激を与えないほうがいいというのが、ポールの見解です。

私は、RVプラクティカムに参加する前からヘミシンクに親しんでおり、その効果を実感していたので、とくにERVの場合、トレーニングを効率化するうえでは、ヘミシンクは有効だと考えます。

ただし、CRVの場合は「どんなものにも頼るな」というポールの考え方にも賛同できます。

両方を体験した私の現在の考え方としては、CRVでも、ヘミシンクを補助輪付き自転車の感覚で利用してもいいと考えています。

ヴューワーが覚醒状態で行うCRVでも、ヘミシンクを使って、精神を鎮め、深いリラックス状態になることは、パフォーマンスを高める効果があります。それを何度が繰り返していると、その感覚を体と意識が記憶し、ヘミシンクなしでも、自分のイメージだけで、意識をコントロールできるようになります。ヘミシンクにはある程度の期間聴き込むと、使用しなくても同様の効果が期待できるという特徴があります。脳がパターンを学習するのです。そうなったら、ヘミシンクなしで行うようにしたらいいのではないでしょうか。

つまり、ヘミシンクを自転車の補助輪と考え、まずそれで自転車に乗る練習をして、慣れたら補助輪を外して走るという感覚です。実際私は、ヘミシンクを利用したスキップのセッションでは、かなりの好成績を出すことができました。また、プログラム受講者には、終了時にスキップが開発した「トレーニング用CD」がもらえます。

ジョーの「ここだけの話」

⑦ 2012 年にマヤの暦は終わる…だが…

2012 年にマヤのカレンダーが終わっていることから、そのときに人類にカタストロフィ（大変災）が起きるか？　という質問をよく受ける。

2012 年をリモート・ヴューイングで見ても、地球の壊滅とか、人類の滅亡などは見えない。もしマヤ人が 2012 年に生きていたら、それ以降の新しいカレンダーを作っただろう。

しかし、十分に多くの人々が、ひとつの事柄について心配したら、実際にそれが現実化して起きてしまう。人の思念のパワーには、それだけの影響力がある。

私は、ポジティブなことしか考えないから、ポジティブなことしか起こらない。

反対にネガティブなことを考えると、そうなることを知っているので、絶対に考えない。結果、良いことしか考えないので、人生がよくなる。意図と期待が未来を創るのだ。

⑧近未来におこる危険なこととは

アメリカは、すでに第３次世界大戦に入っている。

人口増加と、貧富の格差が、さまざまな問題を引き起こしている。失業者と貧しい人の数が増加すると、テロリストの数も増加する。これは世界中の、すべての国にあてはまる現象だ。

テロリストの横暴を回避するためには、多くの国の協力が必要だ。軍隊によって解決されるのではない。貧しい人々を救い上げることによってのみ、解決できる。それを政府に教えなければならない。

日本はこれからの歴史が興味深い。

中国はアジアを、いろんな意味でコントロールするようになる。日本と中国がそのときに、いい関係でいればいいのだが、そうでない場合は問題だ。

なぜなら中国は日本のガイダンス（指導）が必要だからだ。日本のリーダーシップに期待したい。

第4章　宇宙のマトリックスにアクセス

多彩な才能をもつアーティスト、ポール・スミス

ジョーとは違って、ほとんどマスメディアに登場したことがないので、知名度はあまり高くありませんが、ポール・スミスも、ジョーと並び、超一流のリモート・ヴューワーの一人です。

現在は、ＩＲＶＡ（国際リモート・ヴューイング協会）の副会長も務めており、二〇〇六年五月にラスベガスで行われたカンファレンスでは、ポールが忙しく走りまわっている姿が見られたそうです。

カンファレンスに参加した宇佐さんによると、ポールは全体を取り仕切る立場にあったうえ、初日は自身も講演し、さらに物販ブースでは、自著やＩＲＶＡのグッズを売ったりと、八面六臂の活躍だったそうです（並木・宇佐著、前掲書）。

身長が二メートルはあろうかという巨漢のポールが忙しく走りまわる姿は、さぞかし迫力があったことでしょう。

ポールは、スターゲイト・プロジェクトに参加したリモート・ヴューワーのなかでは、若手で、一九五二年生まれの五四歳。ジョーやスキップよりも一回り年下の年代です。

まず、ポールの軍での経歴について簡単に触れておくことにしましょう。

ポール・スミスは、一九八三年から一九九〇年まで、フォート・ミードでリモート・ヴューイ

セミナー参加者に講義をするポール・スミス。

ングの任に就きました。その際、インゴ・スワンの熱心な指導を受けました。インゴはポールの能力に期待と信頼を寄せていたのでしょう。

ポールは、ＤＩＡ（国防情報局）が作成したＣＲＶの訓練マニュアルの執筆者であり、インゴ・スワンのＣＲＶの正当な後継者と言っていいと思います。ポール自身も、そのプロトコルを厳守した訓練を行っています。

ポールはネバダ州ボウルダーで育ち、一九七六年に陸軍士官学校でアラビア語の訓練を受け、情報担当の将校という任務に就きます。リモート・ヴューイングの任務と並行して、中東に関する特殊な作戦において、アラビア語学や電磁波関連機器のオペレーターとして、戦略情報士官の任務もこなしていました。

ポールは、ブリガム・ヤング大学で、中東問題、アート、英語学を学び、その後防衛情報大学で中東問題を専門的に学び、最終的に意識と精神哲学を専門とし、博士号を取得しています。

こういっては失礼かもしれませんが、ポールの経歴をみると、その風貌からは想像もできないほどの多彩さに驚きを覚えます。

ＩＲＶＡのカンファレンスで、一人何役もこなす働きぶりにも納得がいきます。

ポールに限らず、優れたリモート・ヴューワーは、アーティストとしての才能にも恵まれています。ジョーやポールを指導したインゴ・スワンも、並はずれた超能力者ですが、同時に絵画でも名が知られています。ポールのオフィスから車で二〇分の距離にあるハロルド（ハル）・パソフのオフィスの壁には、インゴの描いた大きな絵が飾ってあります。

絵画に関しては、ポールもインゴから影響を受けたのか、絵を描く才能に長《た》けています。あるいは、訓練で、もともともっていた才能が開花したのかもしれませんが、とにかく、絵には、こだわりをもっています。

ほかに、ポールの特徴について、書き記しておくとすれば、何か神経性の持病をもっているようで、薬で症状を抑えながら講義をしていたことです。

スターゲイト計画に関わっていたリモート・ヴューワーのほとんどが、健康になんらかの問題を抱えています。ジョーとともに選ばれた、最初のリモート・ヴューワーたちは、すでに他界しています。ほぼ全員が心臓発作で亡くなっています。

そのほかにも、なんの問題もなく健康体という人は見当たりません。

その理由には、さまざまなものが考えられますが、ヒット率を上げなければならないというプレッシャーと、そこからくるストレス、さらには、機密事項が多く、理解されない孤独感、長時間にわたるセッションのせいで生じる運動不足などがあげられるでしょう。

テキサスの大地で行われる軍隊式の訓練

ポールのセミナーをひと言でいうなら、息つく暇もない軍隊式のハード・トレーニングです。六日間のセミナーのあいだ、毎日山のように宿題が出されますし、ポールの質問に即答できるように、復習にもたっぷり時間をかけなければなりません。

ポールは、CRVを学ぶセミナーとして、初級、中級、上級の三つを開催しています。いずれも二〜三人の少人数制で、私が受けたときは、ほかに二人の受講者がいて、合計三人での受講でした。希望すればマンツーマンのセミナーも受けられます（追加料金あり）。

ポール・スミスは、テキサスの州都ダラスから二〇〇キロほど南に下ったところにあるオースティンを拠点としており、セミナー（トレーニング）もオースティンで行われます。日本から行く場合は、ダラス・フォートワース国際空港で国内線に乗り換えることになります。

スキップがトレーニングを行っているモンロー研究所が、緑に囲まれた丘陵地にあるのに対して、ポール・スミスのトレーニング会場は真っ平らな新興開発地のようなところでした。

ほかに、ポールのセミナーの立地について特筆すべき点は、ハル・パソフの研究所が近く（車で二〇分以内）にあるということです。ハルの研究所は、さまざまな実験用機材が並んでいる大きな倉庫のようなところです。

ハル・パソフもラッセル・タークもESPやリモート・ヴューイングの研究で有名になりましたが、もともと物理学者です。ハル・パソフはそのオースティンの研究所で、ゼロ磁場やフリー・エネルギーの研究をしています。

磁石など、磁力をもつもののまわりには磁界があります。自然界にも磁界があり、二つの磁界が重なり合う場所もあります。この二つの磁界が重なり合う部分のなかで、それぞれの磁界の大きさが同じで、しかも磁界の向きが正反対になっているところでは、プラスとマイナスが打ち消し合ってゼロ磁場が形成されます。

ゼロ磁場では「気」が発生しており、生命活動にプラスの働きがあることがわかっています。昔から「気」には、健康増進や病気治癒の効果があることが知られていましたが、近年では「気」は、一種のフリー・エネルギーであると考えられるようになっています。このフリー・エネルギーは大気中、地中、水中、そして宇宙空間にも存在し、それを取り出すことができれば、電力などのエネルギーの代替できるのではないかと考えられているのです。

ハルの研究所では、フリー・エネルギーに関する最先端の研究が行われており、通常は部外者立ち入り禁止ですが、ポール・スミスのトレーニングの参加者には公開してくれます。私が参加

ポール・スミス（右）とともにハル・パソフ（前）のオフィスにて。
著者らの背後にあるのはインゴ・スワンの絵。

ポール・スミスと筆者。

したときには、初級コースの三日めに、ハルの研究所の見学会が行われました。

研究所の見学のあとは、リモート・ヴューイングの研究の過去・現在・未来について、また、ゼロ磁場やフリー・エネルギーに関する最先端の研究について、スライドを使って、詳しく説明してくれます。

そのあとでハルと一緒に写真を撮ったり、著作にサインをしてもらったりしました。ポールとハルは、個人的にも親しい友人同士のようで、研究所の見学会はとても和やかな雰囲気です。

このハルの研究所の見学会は、ポールの厳しい訓練のはざまで、ほっと息のつける貴重な時間となります。

ポール・スミスに学ぶステージⅠ、Ⅱ、Ⅲのプロトコル

それでは、ＲＶＩＳの初級コースで学ぶＣＲＶのプロトコルについてご説明しましょう。

本来、ＣＲＶのプロトコルはステージⅥまであるのですが、初級コースでは、初歩のステージⅠ、Ⅱ、Ⅲを学びます。ステージⅢまででも十分ターゲットの形状は引き出せます。

ステージⅠは次のような段階があります。

1．ターゲット番号

2. イディオグラム
3. 構成要素 A
4. 構成要素 B

1. ターゲット番号の書き取り

ステージIでは、まずモニターからターゲット番号が告げられます。ヴューワーは紙の左上に、告げられたターゲット番号を書き写します。出題者によって異なることがありますが、通常、この番号は8桁か9桁の数字です。ヴューワーはもちろんのこと、モニターにもわからないように、RNG（乱数発生装置）が示す数字か、コンピュータに無作為に選ばせた数字を使います。

2. イディオグラム

ヴューワーは、1で告げられた番号を書き写したら、すぐにペン先を番号の横に置き、神経の反射で腕、手、指が自動的に動くに任せて、その動きを描きます。

この走り書きのような線をイディオグラムと呼びます。イディオグラムは何も考えないで、一気に素早く描きます。描くというより手が勝手に動くに任せる、という感じです。まばたきする間に、気がついたら描き終わっている、という具合です。

あなたの右脳、潜在意識はすでにターゲットが何かを知っていますから、脳がそのかたちを神経反射として、あなたの手に伝えてきます。

宇宙には、巨大で根源的な、ホスト・コンピュータのようなマトリックスが存在します。マトリックスはユニバース、全宇宙そのものと言えます。宇宙がビッグ・バン以前にもともと一つであるとしたら、すべての存在のなかにその要素が入っているはずです。

ターゲット番号を聞いたその瞬間に、マトリックスからの情報が波に乗ってやってきます。フォトンとか素粒子よりもまだ精妙な波動として。

あなたの心と思考が落ち着いた状態で、マインドをオープンにして意識を対象に向けていれば、その波動をキャッチできます。

というよりは、すでにあなたの右脳、潜在意識はキャッチしているので、それを知覚すると言うほうが正しいでしょう。

マトリックスは、人のカルマなどを含まない情報源です。

マインドを空っぽにして、無心でそのシグナルを受信するようにします。

ペンは固く握り締めずに、落とさない程度に力を抜いてもちます。

3. 構成要素 A

構成要素（コンポーネント）A、Bはインゴ・スワンが名付けた方法です。

まず、イディオグラムを描いたヴューワーは、紙の右の上方に「A」と書きます。

その横に先ほど、神経の反射で素早く描いたその走り書きの線を見て、線の形状を描写します。

たとえば、「斜め右上がり、平行、直角に下に落ちる」「ゆるやかに上がったり下がったり」「右に大きくカーブして平行」「急な傾斜で右下がり、急な傾斜で右上がり」などと書きます。

次に、イディオグラムを描いたヴューワーは、ターゲットに対して、どのような感覚をもったかを自分に問います。

つまり「フィーリング」です。

（〜〜〜という）感じとか印象です。

どんな感覚を感じたのかを書きます。

たとえば、大地とか山脈の場合は「固い」「しっかりしている」「固定している」と感じるでしょう。

水、海、川などの場合は「柔らかい」「液体」「流動体」「流れ」と感じます。

一方、砂や砂丘の場合は「やや柔らかい」となります。

また沼地や湿地帯の場合は、水があってもどちらかといえば「やや固い」と感じます。

それから橋とかビルの場合は「固い」「しっかりしている」「固定している」と感じます。

ここでいうところの「フィーリング」は濃度とか密度に関連しています。

ヴューワーは「A」の描写の下に、感じたまま「固い」「柔らかい」と書きます。

4. 構成要素 B

神経反射で描いたイディオグラムを見て、基本的な構成要素である、「ランド」か「ウォーター」か「ストラクチャー」のどれかを決めます。

①「ランド」(陸、陸地、大地、地面、土地、山、山脈、平原、農地、田園など)
②「ウォーター」(水、水中、水のあるところ、海、湖、川、池、水面、水域、流水など)
③「ストラクチャー」(人工の構造物、建築物、建造物、建物、ビル、橋など)

イディオグラムの線がカクカクと角ばっていたら、自然なものというよりも、人工的に造られた構造物の可能性が高いですし、真横に走る線は広々とした平地か、湖か、大海原の可能性があります。

なだらかに上下する線は、山脈の稜線を表している可能性があります。

カーブした半円は、湾とか入り江。

水平に引かれた線の上にシャープな角度の線は、地面に建つ人工の構造物。

また自然物と、人間が造った建築物との複合型の場合もあります。

トレーニングを積んだリモート・ヴューワーは、自分の経験からイディオグラムのどんな線が、

ジョーの「ここだけの話」

⑨地図やスケッチを描くコツ

私は自分なりのシンボルを、長い経験の中から編み出し使用している。シンボルと言語を結びつけるのに3年かかった。

ターゲットについて、いろいろなシンボルや、絵、映像が見えてくるので、それを翻訳する。その情報からより詳しいスケッチを描いていく。

例）シンボル 井 ＝Reflectin　反射しているもの

シンボル 人 ＝Tenple　寺院

シンボル  ＝Water　水

シンボル  ＝Movement　動き

シンボル 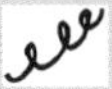 ＝Movement　動き②

シンボル  ＝Barrier　障壁

これらシンプルなものは人類共通のシンボルと言える。

しかしシンボル 井 は反射だが、水、ガラス、金属、コンクリートなどの反射する対象は多くある。

シンボル  は、水だが、波、湖、海など、表す対象は広い。

シンボル 人 は、尖塔をもつ建物、教会などを幅広く表す。

リモート・ヴューイングしているときイメージが見えても、潜在意識は言語を持たないので、顕在意識から言語を借りてこなければならない。

エゴがここに入ると、正しく把握できなくなる。そうなるとシンボルの意味がなくなり、混乱が起きる。

トレーニングの数をこなすと、自分なりのシンボルを習得できる。それらが自然に自動的に描けるように訓練する。何千という練習が必要かも知れないが、失敗から学び記録しておく。

成功からより、失敗から学ぶことの方が成果は大きい。どの場合がうまくいくかを経験から割り出すとよい。

何を意味しているのかを統計的に把握しています。
たとえば、ジョー・マクモニーグルの場合は、鋭い傾斜の三角は、宗教的建物、教会、尖塔がある建物だといいます。また表面が平らかで、光が反射するものの場合は、網状のイディオグラムになります。波状な線は水に関連するそうです（前頁参照）。

ステージⅡは、次のような段階があります。

1. センサリー・データ
2. 形容詞
3. 一気に
4. ＡＯＬ（Analytic Overlay）

1. センサリー・データ

五感で感じとった情報を書き出します。
五感とは、視覚、聴覚、触覚、味覚、嗅覚の五つです。
センサリー・データは感覚に関するデータ、知覚によるデータのことです。
視覚に関する感じ方には、色とか形や大きさの情報が含まれます。

たとえば色のうち「緑（みどり）」と一口に言っても、緑を表す日本語は二〇以上もあります。「きみどり色」もあれば「うぐいす色」「苔色」「若葉色」「若芽色」「深みどり色」など、色だけでも、何百とあります。

形や大きさを表す情報には「大きい」「小さい」「巨大な」「尖がった」「角ばっている」「丸い」「垂直な」「直角な」「平行な」「平らな」「傾いている」「斜めの」「まっすぐな」「深い」「浅い」「明るい」「暗い」「かすかな」「霧のような」「まぶしい」「ぼやけている」「チカチカする」「刺すような」「固い」「薄い」「濃い」「まばらな」「目の詰まっている」「滑らかな」「高い」「低い」「広い」「狭い」などの他多数あります。

聴覚に関する感じ方には、「静か」「うるさい」「やかましい」「しーんとしている」「ささやくような」「かすかな」「耳障りな」「つんざく」「うなる」などの他多数あります。

触覚に関する感じ方には、素材を表す情報、体感、温度を表す情報も含まれます。

たとえば「つるつる」「ふわふわ」「さらさら」「ざらざら」「すべすべ」「でこぼこ」「ぬるぬる」「ごつごつ」「ぽろぽろ」「もろもろ」「ぶつぶつ」。

それから「硬い」「固い」「石のような」「柔らかい」「ふっくら」「ぺちゃんこ」「滑らかな」「綿のような」「熱い」「冷たい」「温かい」「粉っぽい」「油っぽい」「湿った」「ぬめった」「液状の」

「空気のような」などの他多数あります。

温度には、たとえば「蒸し暑い」「温かい」「なま温かい」「ぬるい」「沸騰している」「暖かい」「底冷えする」「極寒の」「熱い」「冷たい」「ぞくぞく」などの他多数あります。

味覚に関する感じ方には「甘い」「辛い」「酸っぱい」「苦い」「塩辛い」「しょっぱい」「旨味」「舌を刺す」、「刺激のある」などの他多数あります。

臭覚に関する感じ方には「くさい」「動物のような」「花のような」「化学的な」「かび臭い」「ゴムのような」「鼻をつくような」「刺激臭」「堆肥のような」「腐敗臭」「甘い」「焦げたような」「すえた」「オーガニックな」などの他多数あります。

2. 形容詞

もうお気付きのことと思いますが、たとえで羅列した単語はすべて形容詞です。感覚を表すので形容詞を使います。このときのポイントは、ものの名前の名詞ではないということです。この段階でもし物質名詞が出てきたら、ヴューワーはいったん作業を中止します。「富士山」とか「エッフェル塔」、「人形」、「花」とかいったかたちでは、まだ断定できないはずだからです。

3．一気に

自分がとらえた感覚を形容詞で書き出しているときも、イディオグラムを描いたときのように、時間をかけないで一気に書きます。

じっくり考えながら書くということは、左脳が働きだしていることを意味するからです。五感を全開にして、手に任せてどんどん自由に書きます。

4．ＡＯＬ（Analytic Overlay）

ＡＯＬとはAnalytic Overlayの頭文字を取った語で、「分析の覆い」または「分析の雑音」といった意味になります。

左脳は常にめまぐるしく分析をしたがります。あらゆる記憶の引き出しから、既知の物質を探しだそうとします。論理的と思われる答えを引き出したいのです。

ＡＯＬはデータから左脳が生み出した雑音ですから「ＡＯＬが出てきたな」と思ったらヴューワーは紙の上にＡＯＬと書いて、いったん作業を中止します。

ステージⅠまたはステージⅡのどの過程においても、いったん作業を中止したり、一気に書けなかったときは、最初に描いたイディオグラムの線の左端にペン先を軽く置いて、もう一度線をなぞります。

マトリックスからの情報を受けようという気持ちで、線をなぞるとよいでしょう。

ステージⅢは次のような段階を踏みます。

1．スケッチ
2．ターゲット

1．スケッチ

ステージⅡで得られたデータをもとに、スケッチします。

このときも右脳に任せて、素早く描きます。考え、考え描くと、すぐさま左脳が分析を始めます。簡単なスケッチでいいのですが、なかには非常に詳細に描くヴューワーもいます。

日頃から簡単なスケッチをする習慣がある人は、この作業が苦にならずにできます。

セッションで描いたスケッチをポールに見せると「絵の学校に行くように」と勧められました。「私、昔から絵は下手なほうじゃなかったのに……」と少しショックでしたが、それだけ絵を描く能力は大切ということのようです。

あとで、ポールは見込みのない者には、そんなことは言わないと聞き、少し安心しました。

そういえばジョー・マクモニーグルのスケッチは、詳細で正確であると定評があります。インゴ・スワンは大変高名な、画家であり芸術家ですし、ポール・スミスも素晴らしい絵を描きます。芸術的才能は右脳と関係があると、昔から言われていますが、リモート・ヴューイングにも、共通する部分があるように思います。

2. ターゲット

スケッチができたら紙を用意して、自分が描いたスケッチを文章で説明します。説明文は数行でかまいません。このときも「エッフェル塔です」などと具体的に名称が書けないはずです。ちなみにターゲットが「エッフェル塔」だったときの、私が書き出した説明文をご紹介しましょう。

「先が尖がった、高い、人工の建造物。
硬い金属のような材質で、ごつごつとした手触り。
大地からそびえるように突き出している、建築物。
遠くに車の走る音、人の気配から、街のなかにある高い建物。
電波を受信するような隙間のある金属の建造物。
戸外にあるもの。上空は青色、白色。
茶色、光が反射している」

この説明文を元に、ジャッジがターゲットをヒットしたか、外れたかを判断します。

自習用簡易バージョン

ステージⅠ、Ⅱ、Ⅲと詳細な手順をお話ししましたが、自習用の簡易バージョンがあります。これはあまりトレーニングに時間をかけられないときに、私がする方法です。その手順をご紹介します。

1. ターゲット番号を書き取る。
2. イディオグラムを描く。
3. 戸外にあるか？　建物内か？　またはその両方か？
4. 自然のものか？　人工のものか？　またはその両方か？
5. ターゲットはどんな感じのものか？
　ターゲットを名詞で言い当てるのではなく、ターゲットを描写する形容詞を書き出す。
6. スケッチする。
7. ターゲットを説明する文章を数行書く。
8. ジャッジしてもらう（ジャッジがいない場合は、自分でジャッジする）。

山のような宿題と睡魔との戦い

ポールのトレーニングが厳しいのは、ポール自身が、インゴ・スワンから最後の最後まで、厳しい指導を受けたためと思われます。ポールの話によると、インゴから何回でも「もう一回やれ、もう一回やれ」と、いくつも課題をわたされ、へとへとになっても「そのやり方はおかしい」「もっとこうやれ」という調子で、訓練が続いたそうです。

セミナーの内容は、講義とセッションとに分かれます。講義では、ポールが大きな声でしゃべりっぱなしです。大きな身体から発せられる声は、パワフルで早口で、圧倒されます。

講義は前半が朝九時から一時。昼食の休憩が一時間、後半は午後二時から八時〜九時まで休みなしです。五分か一〇分の休息以外は講義とセッションがびっしり詰まっています。

ポールは講義のあいだはずっと、ふつうの人の倍ぐらいのスピードで話しています。

講義を聞いてメモを取るだけでも、神経が疲れます。そのうえ、山ほど宿題が出ます。まず、毎日その日の講義の内容のサマリー（要約）を書いて翌日提出しなければなりません。一日分全部ですから大変な量です。

夜の八時か九時頃、ポールの講義やセッションを終えてポールが帰っていくと、私たち受講者は、各自で食事をとります。参加者はホテルに泊まりますが、食事は付いていないので、自分で調達しなければなりません。会場は、まわりに何もないハイウェイの脇にあるホテルです。キッチン付きのホテルなので、簡単なものは料理できます。テイクアウトのものを買いに行ったり、レストランで食べたりして、それから宿題です。一日平均五時間分くらいの内容を要約しなければなりません。日本語でやっても大変な作業です。

これを英語でやるのは、いくら「ミッツィの超英語法」を教えている私でも、相当大変でした。テクニカルターム（専門用語）を辞書で引き、調べながらですから、宿題が終わる頃には、朝になっていました。二～三時間うとうとしたらもう次の講義です。

講義内容の要約のほかに、一つのことに対して何十種類もの形容詞（ajective）を考えて書くという宿題もありました。

たとえば、グリーンについて、できるだけたくさんの形容詞を書いてこいという宿題、つるつるだとしたら、どんなつるつるなのか、ざらざらにしても、どんなざらざらなのか、思いつく限りたくさんの言葉で説明するという宿題もありました。

ざらざらは英語でラフ（rough）ですが、ただラフではだめです。たとえば、でこぼこに近いざらつきなのか、ぼつぼつとした突起のあるざらつきなのか、滑らかな（smooth）ところとざらざらしたところが混在しているのか、いろいろなざらざらを表現する言葉を書いてこいという宿題が出るのです。

これは、リモート・ヴューイングで知覚したものを表現するのに、できるだけ多くの形容詞を知らなければならないためです。

視覚、聴覚、嗅覚、味覚、触覚、五感で知覚できるありとあらゆる形容詞を全部書いてこいという宿題は、どうしても、ノンネイティブの私には不利です。日本語で言えても、英語で言えなければならないのですから。

それで辞書と取っ組み合いをしているうちに、また部屋には朝日が差し込んできました。

絵を描いていく宿題もありました。何か課題が与えられて、それをスケッチしていきます。すると、翌日は、見ないで頭のなかにあるイメージだけで描く宿題が出ます。課題は五～六アイテムあります。一つ当たり三分くらいで素早く描かなければなりません。

そのスケッチを見て、ポールからまた厳しいコメントがあります。

とにかく、宿題の量がものすごく多いので寝る暇がありません。私は時差の関係で、昼食後の二時頃が眠気のピークでした。一番眠い時間帯に、一番重要な講義になることもあり、眠気を吹き飛ばすために、足にペン先を突き刺しながら講義を聞きました。

それから当然ですが、ポールは日本人だからといって容赦はしません。「ここに来るからにはそれだけの人間だろう」と見なされます。男性だろうが、女性だろうが関係ありませんし、ノンネイティブで語学のハンデがあっても、関係ありません。

ほとんど地獄のような毎日でしたが、日曜日はお休みです。ポールは厳格なモルモン教徒なので、日曜日は講義もトレーニングもしません。モルモン教徒は、日曜日は絶対に働かないのです。

ポールのセミナーは、木曜日に始まって、日曜日を挟んで、火曜日の夜八時に終わります。モルモン教徒ではない私は、日曜日も宿題をせっせとやりました。

地獄のトレーニングをやり遂げて

うれしいことに、私の宿題を見て、ポールはいつも驚いてくれました。「ネイティブのアメリカ人でも、ついてこられない人間がいるのに、よく、私の授業についてきた。宿題もきちんとやってきた」

返された宿題のノートに「よくできている (outstanding!)」とか「優秀だ (excellent!)」と書かれていたときは、心底うれしく思いました。

トレーニングの最終日に、Aプラスとか、Bマイナスというふうに、ポールから総合評価 (evaluation) を受けます。私はBプラスでした。アメリカ人の平均がBということだったので、私は外国人で言葉のハンデがあるにもかかわらず、Bプラスをもらえたことで、時差ボケと睡魔と闘った甲斐があったと思いました。

そして、ポールは私に「アドバンスト・コース」まで受けに来いと言ってくれました。ポールは「見込みのない人間には来いとは言わない」と言いました。

私が「素質があるということですか」と聞くと、うなずいてくれました。

ポールの評価はシビアです。何回初級コースに来ても成長しない人もいるので、そういう人にははっきりと「もう来るな」と言うそうです。

それから、セッションでは、ターゲットのヒット率が高かったので、自分の能力に自信がもてました。リモート・ヴューイングで知覚するものや、そのスケッチに語学は関係ありません。リモート・ヴューワーとしての素質は、日本人でもアメリカ人でも変わらないのです。

ただ、やはり、ポールのハイスピードな講義についていくには、相当の語学力（リスニングとライティング）が必要です。また、短時間で要点をつかみ、文章化する能力も求められます。聞き取れて、話している内容を理解することができても、それを英語で書くのはまた大変です。ポールは、すべての宿題を一行一行全部読んで、講義の内容が頭に入っているかどうかをチェックします。

きちんと理解できていないと、赤字が入ってやり直しです。やり直しになると、その日の宿題もあるので、また負担が増えます。だから、後半になるほど宿題の負担が増えて大変です。

私は幸いにして書き直しをせずに済みました。どんなに睡魔が襲ってきても、講義中は、もらさず日本語と英語でノートを取りました。そして、サマリーは英語で書くという作業をしていました。頭のなかでは、英語と日本語が同時並行でフル回転しているような感じです。

とにかく苛酷なトレーニングでしたが、それだけにやり遂げたときの喜びはひとしおです。

ポールのセミナーはリモート・ヴューイングのセッションが多く、二〜三名の少人数制なので、セッション後のフィードバックもしっかりしてもらえうのが大きな利点です。
チャレンジする価値はあると思います。

多くの人々にリモート・ヴューイングを伝えるために

ポール・スミスのCRVベーシック・コースの次に私が受けたのが、ディビット・モアハウスのCRVのセミナーです。ディビット自身はERVを得意としています。

彼は、一九八七年から一九九〇年にかけて、米陸軍のスターゲイト計画で訓練を受けたリモート・ヴューワーの一人であるとともに、世界的なベストセラーとなったPsychic Warrior 邦題『CIA「超心理」諜報計画スターゲイト』[註1]の著者として知られています。

一九九五年にABCテレビで、スターゲイト計画に関する否定的な報道が行われたことは第1章でお話ししました。ディビット・モアハウスは、翌一九九六年に、著書を出版しましたが、当時はまだ一連の報道が、まだ人々の記憶に新しかったため、話題を呼び、同書は全米の一般読者の注目を集めることに成功しました。そして、世界一四カ国語に翻訳され、総発行部数は一〇〇万部を超えるまでになったのです。

翌一九九七年、ディビットは、リモート・ヴューイング・テクノロジー（RVT）社を立ち上げます。当初、同社は鉄道警察の訓練を行うことを目的としていましたが、一九九八年からは、一般市民を対象に、トレーニングを行うようになりました。

彼はこれまでにアメリカとヨーロッパで一万五〇〇〇人を超える受講者にリモート・ヴューイングを教えてきました。また、彼のオーディオ教材『The Remote Viewing Training』を通じて世界中の人々がリモート・ヴューイングを学んでいます。

ディビット・モアハウスのセミナーにて。

ポール・スミスやリン・ブキャナンら、ほかのスターゲイト関係者が、少人数を対象にリモート・ヴューイングの教育・指導・啓蒙活動にあたっているのと比べると、ディビット・モアハウスはより大衆的です。一度に二〇～四〇人の人々を対象にセミナーを行っています。

彼には数多くの人々に教えた経験と実績があります。私が、ディビット・モアハウスのセミナーに参加することを決めたのは、一度に大勢の人にリモート・ヴューイングを教える彼の指導法を学ぶためでした。

註1　David Morehouse, Psychic Warrior, Michael Joseph Ltd.『CIA「超心理」諜報計画スターゲイト』（大森　望訳、翔泳社刊）

彼は、軍に在籍していた頃から、極秘プロジェクトだったリモート・ヴューイングを世の人々に伝えたいと考えていました。そのために、ライターと会って取材を受けたり、映画化のためにメディア関係者とコンタクトを取ったりしています。

しかし、結局、ライターの原稿はものにならず、自分で原稿を書いてしまいました。ディビット・モアハウスには、それだけ多くの人にリモート・ヴューイングを伝えたいという強い動機があったのです。彼は、陸軍でリモート・ヴューイングの世界に入ると、精神的にトラブルを抱えるようになり、家族と別れなければならなくなったり、精神病院に入れられたりといった辛い経験をしています。でも、そうした経験があるからこそ、人生は素晴らしいということを人々に伝えられるのでしょう。

ですから、たくさんの人に伝える技術やそのエッセンスを学ぶには、彼のセミナーを受けるのが一番だと考えたのです。

三代続いたエリート陸軍司令官ディビット・モアハウス

ディビット・モアハウスの生い立ちや、リモート・ヴューワーになるまでの経緯について、簡単に触れておくことにしましょう。以下の内容は、彼の著書の内容に基づいています。

ディビットは、祖父の代から続く軍人一家で育ちました。彼の父親も軍人だったため、幼少期は駐屯地から駐屯地へと、家族とともに旅する生活だったといいます。そういう環境で育つと、男の子ならたいてい「お父さんと同じ軍人になりたい」と思うようになるそうです。

ベトナム戦争後の戦争への非難の風潮から、ディビットは、一時期軍人になることを避けようとした時期もあったそうですが、結局は軍人への道に入ることになります。

高校を卒業して地元の小さなカレッジに入ると、学生自治会委員長に当選し、それがきっかけで奨学金をもらうと、ディビットはユタ州にあるブリガム・ヤング大学に入学します。ちなみにディビットは、この頃モルモン教に改宗しています。ブリガム・ヤング大学でのキャンパス・ライフが始まってしばらくすると、ディビットは、予備役将校訓練部隊のリクルートに来ていた陸軍大佐と出会い、士官候補生になることを決めます。

一九七九年、ディビットは大学の最優秀士官候補生に送られる、ジョージ・C・マーシャル将軍賞を受賞、また、正規軍任命を受けた二五〇〇人の将校のうち、最優秀者に送られるドクター・ラルフ・D・マーション賞を受賞します。

三代続いた軍人の家庭で育ったディビットは、軍人としてとても優秀だったようで、歩兵士官基本課程ではクラスの名誉卒業生となり、陸軍先遣偵察班訓練学校でも、最優秀名誉卒業生となります。

一九八四年、レインジャー部隊の司令官に就任したディビットは、一年後にはヨルダンに派遣されます。そして、ヨルダンの、バテン・エル・グール（けものの腹）と呼ばれる谷で、銃撃戦の最中に、頭に銃弾を受けます。しかし、奇跡的にも、銃弾は、ディビットのヘルメットを破壊するにとどまり、ディビットは頭に大きなこぶができるだけで済みました。

ディビットはその銃弾の衝撃で気を失っていたあいだに、不思議な体験をします。

意識を失ったディビットは、白い霧のなかに立っており、そこで十人前後の白くて丈の長い服をまとった人々に手招きされます。

そして「軍人という仕事を選んだことが間違いであること」「平和を追求し、平和を教えるべきであること」を告げられます。のちに、彼はこの白い服の人々を天使と呼び、この天使が、ディビットを死の縁から救ってくれたと考えるようになります。

危険人物として軍を追われたリモート・ヴューワー

ディビットは、無事にヨルダンの任務から帰国しますが、銃弾の衝撃を受けてから、寝ているあいだに体外離脱したり、悪夢や幻覚に苦しめられたりするようになります。また、数カ月のうちに、予知ができ、未来のことが見渡せるようになったともいいます。

ディビットは、頭に銃弾を受けて奇跡的に助かって以来、超意識的知覚（ＥＳＰ）に目覚めたのです。

悪夢や幻覚がおさまらないので、ディビットは、軍の心理学者イニス・バーカーに相談します。

イニス・バーカーは、ディビットに選択肢は、軍を退くか、フォート・ミードにある特殊部隊に行くかどちらかだといい、特殊部隊に関する報告書をディビットに渡します。

特殊部隊の報告書で、サイキック・スパイたちの驚くべき能力を知ったディビットは、最初は「自分にはとてもできない」と思ったようですが、結局、スターゲイト計画の一員となります。

突然目覚めたESP能力に戸惑っていたディビットですが、プロジェクトの最古参の一人、メル・ライリーからERVの指導を受けると、どんどんトレーニングにのめり込んでいくようになります。そして、みるみる特殊な能力を発揮するようになっていきます。

自らの能力の開花とともに、リモート・ヴューイングが人類に与えられたギフトであることに気づいたディビットは、その能力が軍事機密とされていることに疑問を感じはじめます。

そして、リモート・ヴューイングのことを一般に公開することを決意し、計画しはじめます。

ディビットがそのような考えをもつようになった背景には、ヨルダンで銃弾に当たったときに現れた、白い服をまとった天使たちからの影響がありました。

士官候補生として、数々の賞を受賞し、軍人として、輝かしいキャリアをおさめてきたディビットにとって、自分が軍人になったことが間違いであり、平和のために生きよと言われたことは大変なショックだったはずです。しかし、ディビットは、徐々に天使たちの言うことが正しいと考えるようになっていったのです。

ディビットがいたのは諜報部隊ですから、彼がリモート・ヴューイングのことを公表しようとしていることは、どこからともなく上層部にもれ、次第にディビットは脅迫を受けるようになっていきます。最初は電話による脅迫に始まり、通勤途上で不可解な原因で自動車の事故に巻き込まれそうになったり、家族ともども、一酸化炭素中毒で死んでもおかしくないような危険な目にあったりもします。さらに、ディビットは精神病院に入れられ、ついには軍を退かなければならなくなります。これは、三代続いた軍人一家の出身でエリート士官だったディビットには耐え難いことだったでしょう。

客観的にみれば、リモート・ヴューイングと出会ってからのディビットは、けっして幸せではありません。しかし、それでも、彼はリモート・ヴューイングを人々に伝えることが、自分に与えられた使命であると考え、セミナーを開催し、教材を制作し、販売するようになったのです。

リモート・ヴューイングはすべての人に開かれた能力だ

ディビット・モアハウスのRVT社では、CRVとERVのセミナーのほかに、ERVの修了者向けに、マスターERV（Master Extended Remote Viewing）コースを開催しています。

セミナーは、カリフォルニア州立大学サン・マルコス校の、モダンな建物の並ぶキャンパスで行われます。同校のあるサン・マルコスは、ロサンゼルスの南約一五〇キロのところにあり、美しい海岸や山脈に囲まれています。サーフィン、ハイキング、サイクリングを楽しむにはもって

大勢の受講者の前で講義をするディビット・モアハウス。

こいのところで、テキサス州オースティンの、比較的特徴のないところで行われるポール・スミスのセミナーとはまったく違った雰囲気です。

ディビットの講義は、彼のリモート・ヴューイングにかける情熱が、ほとばしるようなエネルギッシュなものでした。ポールも講義のときは、大きな声で早口でパワフルに話しますが、沈着冷静な感じのパワフルさです。

それに対して、ディビットのエネルギッシュさというのは、あふれ出る感情の力を感じさせるものです。身振り手振りを交えて、ときには、レクチャー・テーブルやホワイト・ボードをバーンと叩いたりしながら話します。彼は、アメリカ人としては、小柄なほうだと思いますが、パワフルなエネルギーを放射しています。

彼ももちろんRVの歴史やプロトコルを教えますが、その前になぜRVを行うのか、その動機付けの部分にたくさんの時間を使います。一日目のほとんどは、そのレクチャーで終わります。ディビットの講義を聞いていると「リモート・ヴューイングを使って、人の役に立ちたい」という彼の情熱に感化されます。

ディビットの「あなたは全知全能（omniscient omnipotent）の存在である」という声を聞いていると「私ももてる能力を使って何かできないか」「できる」「やりたい！」「やろう！」というふうに、自分のなかからモティベーションがわきあがってくるのです。

その代わり、講義が多く、セッションで実際にリモート・ヴューイングを体験する機会は少なくなります。一方、ポールのセミナーでは、正確なプロトコルを頭に叩き込んで、ひたすらターゲットを当てることに全神経を集中させます。

それから、リモート・ヴューイングの能力と、外見や話し方は関係ありませんが、多くの人を引きつけるという点では、ディビットは多少外見的なことも意識しているのかも知れません。体型を若々しく保っていますし、清潔感があり、女性から見ても魅力的と言えるでしょう。

しかし、優れたリモート・ヴューワーには、表面的な外見の特徴に関わりなく、実直さ、真面目さといった、にじみ出る人柄のよさがあります。それは、ジョー、ポール、ディビットに共通しています。

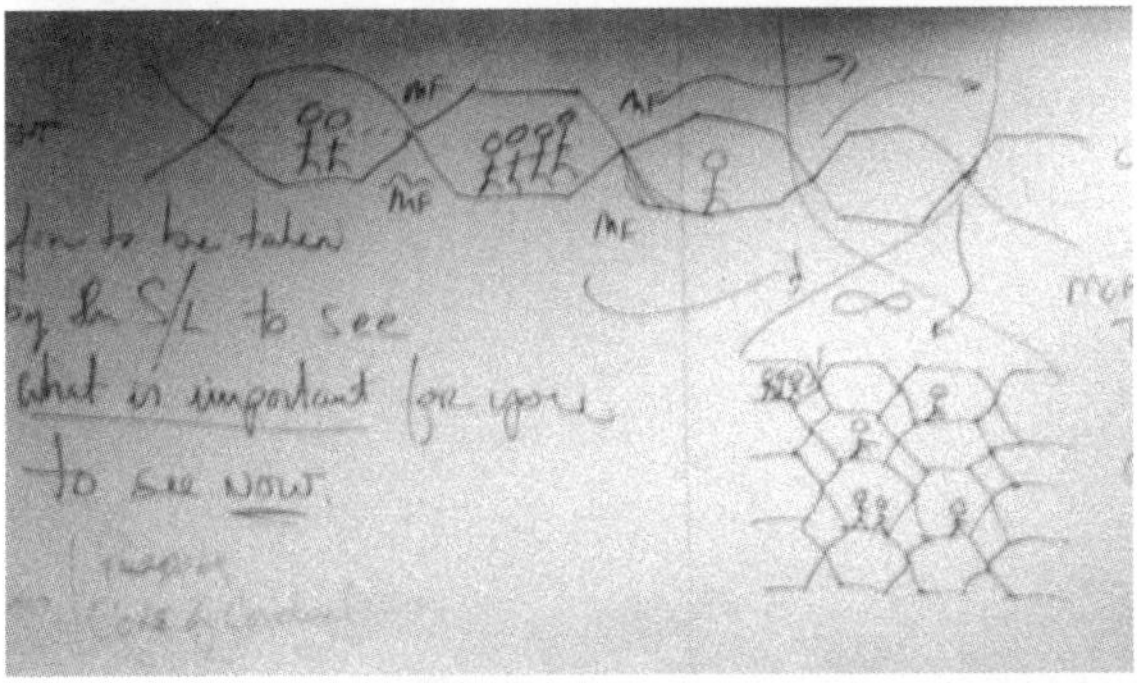

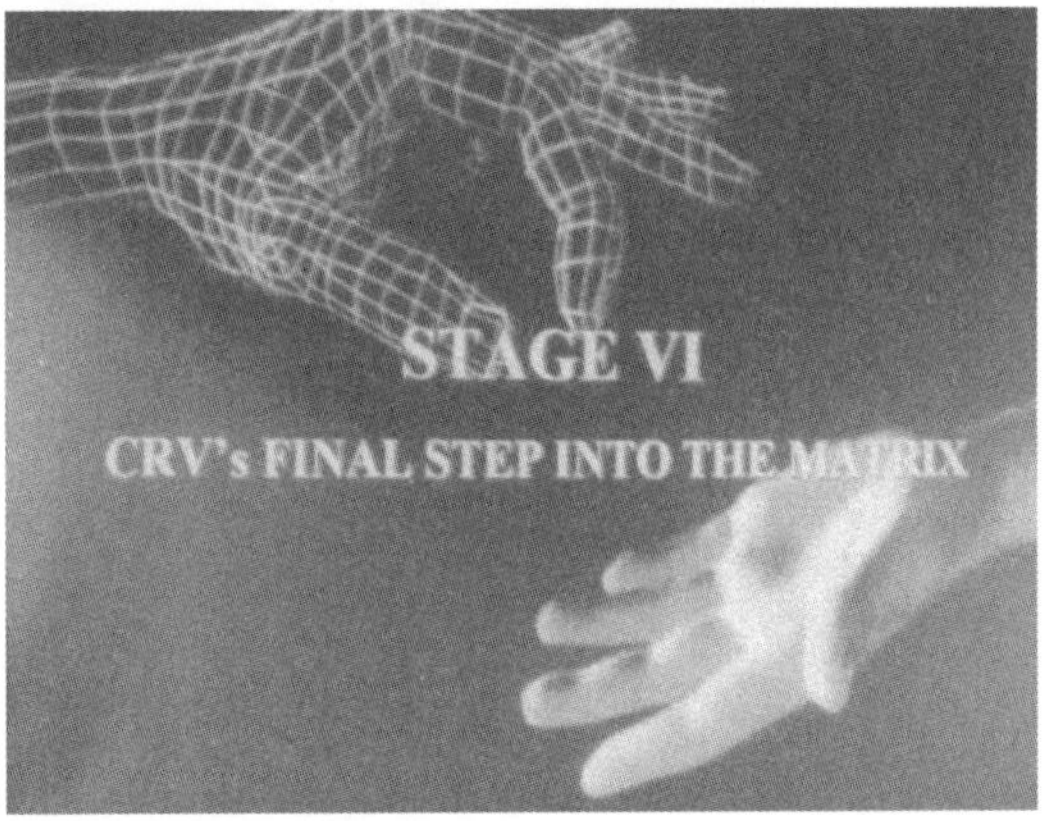

↑ディビット・モアハウスのセミナーの様子。

→コーディネイトRVのステージのレクチャー

↑宇宙のマトリックスの説明

無意識の状態で情報をキャッチするＥＲＶ

ＥＲＶはスキップがフォート・ミードで開発した方法です。

ＣＲＶは覚醒状態で行うのに対して、ＥＲＶは、完全に眠ってしまう直前、あるいは目覚める直前の半覚醒状態で行います。無意識に近い状態のほうが、ＡＯＬが少なくなると考えられ、この方法が使われるようになりました。

暗い静かなところで、できれば防音された部屋で行うのがよいとされています。

ヴューワーが半覚醒状態になると、モニターは、ヴューワーにターゲットの外見的特徴などを質問します。ヴューワーがそれに応えると、モニターはそれを書きとめます。軍のプロジェクトでは、ビデオカメラやテープレコーダーで、セッションの一部始終が記録されました。

セッション終了後、ヴューワーは、スケッチや言葉によって足りない情報を補足します。

ＥＲＶのときのヴューワーとモニターのやり取りについては、ディビット・モアハウスの著書に詳しく紹介されています。

ヴューワーとモニターは、ともにリモート・ヴューイング・ルームに入ります。ヴューワーは特別に設計された専用のベッドに横たわり、準備ができると、モニターに伝えます。モニターはベッドのヴューワーを見下ろすかたちで、そばのイスに座ります。

陸軍時代、デイビット・モアハウスの指導者兼モニター役を務めたのは、プロジェクトの初期からリモート・ヴューイングに関わってきたベテランのメル・ライリーでした。

次に、デイビットが、メルとともにERVのセッションを行ったときのやり取りの一部を抜粋してみましょう。

「お前の座標は、七、五、七、四……八、三、三、六だ」薄暗い光のなか、メルは僕の反応を待っている。

訓練で仕込まれた通り、頭をクリアにして、変性状態に入る手順を実行する。最初は多幸症といってもいいようなくつろいだ気分になる。が、数分でそれが加速しはじめる。眩暈が襲い、麻薬でも与えられたような、混乱した気分になる。……

〈中略〉

巨大なネオン官のなかを旅しているような感じ。落ちていくうちにトンネルの内壁が幻惑するように躍り、そして僕の霊体は膜のような実体を突き抜ける。目標エリアに到着したのだ。僕は、時のどこかに四つん這いになって着陸した。

メルは優秀なモニターだから、遠視者が目標に到達すると本能的にそれを感知する。「なにが見えるか教えてくれ、デイヴ」

「あー、まだなにも見えない。霧ばっかりで……それに暑い……息もできないくらいだ」なんとか方向感覚を取り戻し、かすみの奥を見定めようとする。「すごく蒸し暑い」「だろうな」とメル。「しかし、見通しのいい場所に移動する必要がある。これから移動の練習だ。目標から五〇〇フィート上昇しろ。そこからなにか見えるはずだ」

エーテルのなかをメルが指示した地点まで移動することに意識を集中する。地上を離れて上昇するにつれて霧がぼやけてゆく。そこだ。

メルの声がまたエーテルに割り込んでくる。「いま知覚しているものを言葉で説明しろ」「地球を包む白い雲の毛布が見える。ぎざぎざの岩と葉の先端が毛布から突き出している。でも、その霧の下は見通せない」（『ＣＩＡ「超心理」諜報計画スターゲイト』より抜粋）

こんなふうに、新米のリモート・ヴューワーは、ベテランのモニターの指示に従って、訓練し、徐々に自分で変性意識のコントロールができるようになるのです。

リモート・ヴューワーが巻き込まれる危険

ジョー・マクモニーグルのようなベテランのリモート・ヴューワーになると、モニターのガイダンスがなくても、ＥＲＶができるそうです。一人で意識をコントロールし、変性意識のなかを自在に動き回れるといいます。

しかし、ここまでのテクニックを身に付けるまでに、さまざまな驚くべき体験があったと聞いています。そのいくつかを紹介しましょう。

これまでの一番奇妙な体験の一つは、あるロシア人を探していたときのことだ。

あるとき私は指令された目標地点をリモート・ヴューイングしていて、そこでロシアのリモート・ヴューワーに出会った。リモート・ヴューイング中に、敵国のリモート・ヴューワーにでくわすという、なんとも変な経験だった。相手も同じように思ったことだろう。

それから、これまでで一番怖い体験は、原子爆弾のテストを行ったときの体験だ。

私は原子爆弾を爆発させる、その瞬間の時間と空間を、リモート・ヴューイングする仕事を課せられていた。爆発予定時刻の三分前からリモート・ヴューイングをしはじめ、その場の状況を報告するようにとのことだった。

私は最初の二分間、現場の状況を完全に正確にリモート・ヴューイングしていた。三分経過し、爆発の瞬間、私はひどく混乱し、完全自失状態に陥った。おそらく、原子爆弾の爆発によって、時空間がかき乱され、その影響を直接受けたからだろう。

その爆発から数日間というもの、私は動揺した状態から抜け出られなかった。原子爆弾はなんらかの方法で、時空間を引き裂いたのだ。

また、リモート・ヴューワーは、誰かの思考をリモート・ヴューイングしているときに、その人物の感情に巻き込まれることがあると聞いたことがあります。そんなときジョーはどう対処しているのでしょうか。

セッションの最中に、人々の感情を受け取ることはある。彼らの死に際しての感情、また彼らが殺されたときの感情、そしてほかの人々と関わっているときの彼らの感情を受け取ることもある。

それらの感情は、あるときには激しく暴力的であるし、またあるときは幸せなものだが、それらはリモート・ヴューワーの感情ではない。

だからもし、他人の感情に巻き込まれそうになったら、あなたはそれをただ通りぬけさせるといいだろう。

私は大勢の人々が「私にはとても耐え難い」「絶対私は立ち直れないだろう」「ひどい殺人に私は対処できない」というのを聞いたことがある。

そんなとき彼らは、酒場にでかけて酔っ払うか何かする。彼らは自分を、ごまかしているだけだ。誰かの感情を手放す術《すべ》を学ぶことができず、とても未熟なのだ。

自分の感情でないものは、ただそれを通りぬけさせればいい。

それは、あたかもあなたの体の上を通り過ぎる水を感じるようなものだ。ぬれていると感じるが、そのときあなたの手が水に溶けてしまうわけではない。感情を感じてもいいが、手放すことだ。痛みも手放せばいい。

難しいかも知れないが、あなたの痛みではなく、彼らの痛みなのだから。

しかし、感じることは彼らが対峙していることを、認識するのに役立つ。彼らの感情を知ることは、彼らを理解するのに役立つうえに、彼らを癒す手伝いをすることができる。

また、大災害の現場をリモート・ヴューイングする場合、リモート・ヴューワーは、実際に犠牲者の痛みや、恐怖の感覚と同じものを感じる。

しかし、その感覚がくる前に、それを察知することは可能なので、避けることもできる。ただその感覚を、素通りさせてしまえばいいのだ。

大災害とは少し異なるが、交通事故の例で考えてみよう。

いままさに、二台の車が衝突しようとしているとする。

あなたは状況から、むごい事故になるという感覚をキャッチするだろう。この時点でリモート・ヴューイングを止めれば、あなたは事故の犠牲者のむごたらしい姿に、ひどい苦しみを味わわなくて済む。

あなたの心がそれを告げてくれる。その時点で「彼らは事故死した」と書きとめればいい。犠牲者の苦しみまで体験する必要はない。

心を鍛錬し常識を働かせよう。あなたは自分自身をコントロールできるし、それができなくなることは絶対にないのだから。

私は災害現場をリモート・ヴューイングすることがあるが、自分で感じる痛みのレベルを下げることができる。災害時に人は何を思い、何を感じるのかを知ることが重要だと思ったときには、それを体験するために現場をリモート・ヴューイングする。


CRVでは、宇宙のマトリックスから送られてくるターゲットに関する情報をリモート・ヴューワーがキャッチするのに対して、ERVでは、変性意識のエーテルのなかを移動して、リモート・ヴューワーのほうからターゲットに接近するというふうにとらえられます。

CRVと比べて、ERVでは、リモート・ヴューワーがターゲットに接近することから、事故や爆発物による衝撃や感情的なダメージを受けやすいようです。

その意味では、CRVでは精神修養的なことよりも、トレーニングそのものが重要であり、ERVでは、リモート・ヴューイングそのものの訓練と同時に、モティベーションや自分の感情を制御する精神的な鍛錬が求められるのかも知れません。

リモート・ヴューイングに必要な精神的鍛錬

CIAや軍におけるリモート・ヴューイングのプロジェクトが存続できるかどうかは、常に不安定な綱渡りの状態にありました。リモート・ヴューイングによって、通常の知覚では得られない情報を得られるといっても、それをすべての人々に理解してもらうのは簡単なことではなかったのです。

「こんなわけのわからないものに国家予算を取るのか」と、反対する一部の政治家からの圧力や反対キャンペーンがあり、予算を取れるかどうかが危ぶまれることもしばしばだったといいます。反対派はスターゲイトの関係者の不祥事をことさら大きく取り上げ、攻撃の材料としました。

その標的になったのがディビット・モアハウスです。

ディビット・モアハウスのことを「許しがたい」という人もいますが、私は彼のことを一概に非難することはできないと思っています。どんな理由であれ、私たち一般人がいまこうしてリモート・ヴューイングのことを知るきっかけをつくってくれたのですから。

それからもう一つ、彼が直面したトラブルは、リモート・ヴューワーのおかれる精神状態や、それに耐え得る適性というものを考えるうえで、重要なヒントを与えてくれます。

彼の場合、トラブルの原因は、彼の精神的な弱さにあったのかもしれません。リモート・ヴューワーに限らず、どんな職業の人でも、お酒やそのほかのレジャーで憂さ晴らしをする人はいます。それから、意識するしないに関わらず、家族や身近な人に八つ当たりしてしまう人もいますし、異性との関係に慰めを求める人もいます。

サイキックな能力をもつ者は、その特異性ゆえに周囲の理解を得られず、苦しみます。彼らはたった一人で精神的苦痛や孤独に耐えなければなりません。ディビット・モアハウスは、急激にサイキックな能力が開花したために、家族との関わりのうえでも重大な問題を抱えていました。その寂しさからか、あるスキャンダルに巻き込まれてしまったようです。

リモート・ヴューイングが、まだ一部の人にしか知られていない特殊な能力であったことから、通常なら問題視されないような落ち度であっても、業界全体に対する大変なダメージにつながってしまったのでしょう。

そういった意味では、リモート・ヴューイングに取り組もうとする人には、その技術や尊厳を、おとしめることのないような行動や振舞いが求められると言ってもいいと思います。

ジョーが、リモート・ヴューイングは、生き方の問題であり、精神的な鍛錬が重要であると強調するのも、こういった背景があってのことなのかも知れません。

リモート・ヴューワーに求められる「人間性」

スキップ自身は、リモート・ヴューワーではありませんが、優秀なモニターで、長年多くのリモート・ヴューワーたちと付き合ってきたことから、直感的に適性を判断することができるようになったと言います。

ジョーは、著書のなかで、スキップがあげている超常的な能力の兆候を紹介しています。それは、次のようなものです。

1. いかなる仕事であれ成功をおさめていること。
2. 同僚から好かれているが、ふつうとは違う人間だと見なされていること。
3. 通常の枠から外れた行動が概して見られること。
4. 自分から進んで新しい解決方法を追求すること。
5. うまくいくものはなんでも受け入れること。
6. 緊張の場合でも考えをめぐらせ、意見を口にするのを恐れないこと。
7. 高度な独創性をもっていること。

スキップは、優れた能力者は、人間的魅力を備えた成功者（RV以外の分野でも）であると考えていたようです。

実際、私がこれまでに会ってきたリモート・ヴューイングの指導者たちは、並々ならぬ使命感をもっており、厳しさのなかにも優しさを合わせもつ人たちです。

彼らに直接会ったことのある人なら、このような私の意見に賛同してくれることと思います。

しかし、だからといって、彼らが最初から人格者であったわけではないと思っています。ある種の境地にいたるまでの課程では、みんな未熟であることは、ほかの人間と変わらないのではないでしょうか。

いまでは、まるで偉大な精神的指導者のような落ち着きと風格を備えていますが、ジョーでさえ、フロリダの貧困地域で過ごした十代の頃は、けんかばかりしていたといいます。おそらく、ほかのリモート・ヴューワーたちも、同じではないでしょうか。

リモート・ヴューイングを通じて、自分で自分の精神を沈静化させたり、集中力を高めたり、意識のコントロール方法を学ぶことは、自分の内面――インナー・セルフ――を見つめ直し、気づき、学ぶことにつながります。それを続けていくことによって、不完全で未熟な存在から、全人格（トータルセルフ）になっていくのです。

最初から優れた人はいません。大切なことは、私たち人間は、経験を通して全人格的存在に近づいていくということです。たとえ、マイナスの出来事に直面しても、人間は意識の力でそれをプラスの方向に変えていくことができます。

リモート・ヴューイングの関係者と会い、トレーニングに参加するなかで、私は、そういうことを学ぶ一つの方法として、リモート・ヴューイングがあると考えるようになりました。

その意味では、リモート・ヴューイングは、人間的成長への近道となる偉大な技術と言えます。

第5章 リモート・ヴューイングで守るべきルール

明晰夢を使ったリモート・ヴューイング

第3章や第4章でも述べた通り、ERVは瞑想状態で行われます。睡眠中や明晰夢（自分が夢のなかにいることを自覚している夢）をみているとき、リモート・ヴューイングを行うことはできるのか、ジョーに聞いてみました。

夢はリモート・ヴューイングの一種ではないが、リモート・ヴューイングで夢を使うことはできる。

一九八〇年代の後半に、スタンフォード大学のステファン・ラバーグ博士と明晰夢の研究を行ったことがある。

横になり明晰夢をみているあいだに、ダブル・ブラインドで、CRVをする実験だった。私は明晰夢をみている状態で、ほとんど完璧なリモート・ヴューイングをすることができた。それから博士に私を眠りから起こすように合図を送り、明晰夢から目覚め、明晰夢中に博士が選んだターゲットについての詳細なスケッチした。

明晰夢という夢の状態でありながら、ターゲットに行きつき、情報を得て、のちにそれをスケッチすることができたが、そのスケッチは驚くほど正確なものだ。

ロバート・モンローが考案した意識のフェージング・モデルによれば、明晰夢は、睡眠と体外離脱の中間に位置します。この考え方によれば、明晰夢は、瞑想や通常の睡眠よりも意識と肉体の乖離の度合いが大きいということになります。

この状態では、五感を通じた知覚はほとんどなくなり、情報のノイズ（雑念など）も消えます。そのため、明晰夢では、より正確なリモート・ヴューイングができるのではないでしょうか。

修行僧や武道家は「空」とか「無」の境地を求めて長年修行を積むといいますが、これは、リモート・ヴューイングと似ているところがあります。五感からの情報のノイズをなくすことで、五感を超えた知覚を呼び覚ましていると思われます。

明晰夢をみる傾向のある人には、トライしてみる価値のあるトレーニング方法かも知れません。ただし、その場合でも、知覚した情報を正確にスケッチする能力が欠かせません。そのため、日頃から頭に浮かんだことをスケッチする練習をして、絵の技術を高めておくとよいでしょう。

リモート・ヴューイングで「死」を見るとき

ディビット・モアハウスの著書には、リモート・ヴューイングで、戦死した友人と再会するシーンがあります。リモート・ヴューイングでは、「死」はどのようにみえるのでしょうか。ジョーは、次のように語ってくれました。

私が人の「死」を見たときのことを話そう。

私はそのとき、行方不明になったスパイを、リモート・ヴューイングで追跡していた。彼は車から降り、私はあとを追った。

しかし、彼のことを追いかけようとしても、目の前にあるベール状のものに、行く手を阻まれて通りぬけられなくなった。そのベールは素通りできなかったのだ。そして、彼は漂い始め、次第に遠ざかり、背景には暗闇が広がるばかりだった。

モニター役の上官に「彼は死んでいると思う」と告げると「なぜそう思うか？」と聞かれたので「幾重ものベールに阻まれて、彼のところに行けない、もうベールのずっとかなたに行ってしまったから」と答えた。

そこで自分の言った言葉に、ハッ！と気が付いた。

「ベールのかなたに（beyond the veil）」というのは、一八〇〇年代の初期の頃に使われていた言い回しで「あの世」を意味するものだったのだ。

それまでの私は、この古い言い回しを「おかしな表現だ」と笑っていた。でも、私自身がベールをみてからは、もうこの表現を笑うことはできなくなった。

ＥＲＶでリモート・ヴューワーが視ている世界は、五感を超えた超意識的知覚の世界（非物質の世界）ですが、そこには、物質世界とは別のかたちで「この世」と「あの世」の境界があるようです。

心を鍛錬するトレーニングには時間がかかる

リモート・ヴューイングのトレーニング方法のなかに、心のなかの映像を鮮明にするものがあるかどうか、ジョーに聞いてみました。

直接的にはない。しかし、何年もかかって、私たちが発見したのは、どんなトレーニングでも心を鍛錬するトレーニングには間接的な効果があるということだ。

鍛錬によって心のなかの雑念、無関係のゴミ、ただのガラクタ、これらを空っぽにすることができ、ターゲットに関する情報が入ってくるのを、受け入れやすくすることができれば、どんなトレーニングでもいい。もし、心を鍛錬し、その状態を維持することができれば、情報はより鮮明になるだろう。

そうして鍛錬しても、情報は断片や、かけらのようにしか入ってこないので、その断片やかけらの情報をつなげて、意味のあるものにつくりかえなければならない。

まれに映像がはっきり見えることもある。しかしそれは、滅多にないケースであり、あるとすれば長年にわたる訓練の賜《たまもの》だ。
私はやっとこのレベルに到達したが、そうなるには三〇年間の厳しい訓練が必要だった。心の鍛錬には時間がかかり、さらに情報を処理するにも、訓練と時間を必要とする。

ジョーのように熟練したリモート・ヴューワーでも、心のなかの映像を鮮明に受け取ることがまれであるというのは驚きです。それだけ、五感からの知覚のノイズをなくすことは難しいということです。そして、それをなくす直接的な方法はなく、できることは「心の鍛錬」という間接的な方法のみ、ということです。

ここに、ジョーが「リモート・ヴューイングとは、生き方そのものである」という理由を見た気がします。なぜなら、心の鍛錬とは、毎日の生活のなかで、私たちが直面している問題でもあるからです。

たとえば、誰にでも、些細なことにカッとなったり、いらだったり、くよくよしたり、不満をもらしたりしてしまうことがあるのではないでしょうか。そういった心の乱れや動揺を鎮め、毎日出会った人に笑顔で挨拶することができるとしたら、これも心の鍛錬の一つです。

ジョーの言う通り、心の鍛錬には時間がかかります。でも、その気になれば、どんなことでも、鍛錬の手段とすることができるのです。これは、リモート・ヴューイングの難しさでもあり、同時に、魅力的な副産物と言えるでしょう。

どんなときでも雑念をなくす精神修養こそ上達の近道

リモート・ヴューイングについて学びたい人はまず、インターネットの検索から始めるでしょう。インターネットには、ありとあらゆる情報が集まっているので、そこには、優れたリモート・ヴューワーになるために一番いいのは、この方法だ、いや違う、本当はこちらの方法が正しいなどとたくさんの論争があります。

いったい、リモート・ヴューイングには、効果的な上達法というものはあるのでしょうか。

インターネット上には、リモート・ヴューイングの上達法について、さまざまな情報が氾濫している。こまごまとしたハウツーや、プロになるためには、これをしなければいけないなどといった情報もある。

ネットやハウツウ本にあるような、いろいろな条件について考えてみよう。

まず、装飾のない空っぽのグレーの部屋、照明は薄暗く、電話もない、邪魔されない環境でするべきだ、などと書いてある。それを読んであなたはリモート・ヴューイングをするために何をすべきかの、長いリストをつくりはじめるだろう。

そして、リモート・ヴューイングに失敗したときに、あなたはこのリストを見て何が悪かったかを探すだろう。

「ああ、外で鳥が鳴いてうるさかったからだ」リストにチェックマークを付ける。

「ああ、電気が明るすぎたからだ」とチェックする。

でも、失敗のためのリストづくりは、大きな間違いだ。するべきことは、こんな条件を投げ捨てることだ。

静かないい環境でやれるのは、確かに素晴らしいことだろう。

しかし、本当にやるべきことは、いつでもどこでも、いかなる条件のもとでもリモート・ヴューイングができるように、精神的修練を怠らないことだ。

実はそれが、最も大事で必要なことなのだ。

ジョーも最初の頃は、リモート・ヴューイングに必要な条件を列挙していたときがあったそうです。そのことは、ジョーの最初の著書『マインドトレック』にも書かれています。しかし、そうしていると、条件のリストはどんどん長くなっていきます。そして、しばらくすると、そういった条件を列挙することは、失敗のためのリストをつくっているにすぎないことに気づいたそうです。

もちろん、最初のうちは、集中しやすい条件を整える必要があるかもしれません。しかし、壁紙の色がハウツウ本に書いてあるグレーではなくて、クリーム色だからといって、それが失敗の原因となるでしょうか。やはり、どんな条件のもとでも精神統一できるように、心の鍛錬を積むことが一番の上達の近道と言えそうです。

心の垣根を取ってオープン・マインドに

ジョーが考える、リモート・ヴューイングを成功させるために必要な条件とは、どんなことでしょうか。

さまざまな条件やこまごまとした手順にこだわることは、マインドのなかに新たな塀や垣根をつくることになる。

この垣根は、マインドを開くことから遠ざける。

リモート・ヴューイングは情報に対してあなたのマインドを開かせようとするものだ。

リモート・ヴューイングに欠かせない、たった一つの重要なルールは、ブラインド（ターゲットが何かまったく知らない状態）であることだ。

通常は、リモート・ヴューイングを学び始めると、プロトコルにそって、ページの左上から書きはじめるとか、ゲシュタルト（全体・統合された形）が最初だとか、イディオグラム（印象図形）を描かなければならないとかを考えるかも知れない。

しかし、ブラインドであること以外に必要な規則はない。あなたの頭から、あなたのマインドから、ターゲットに関する情報を引き出すのに、最も簡単なことをすることだ。それは瞑想であっても、森を散歩することでも、眠ること、夢みることなどのユニークな方法であってもいい。

私自身、瞑想は、心を修練し、心を空っぽの状態「空」にするので、マインドに情報が入りやすくなる、と考えている。

マインドを「空」にするのは、一番いい方法であると信じている。それが私の信念だ。

私の『Remote Viewing Secrets（近日邦訳刊）』という本のなかに、このことについて書いている。

ジョーによれば、ダブル・ブラインドであること以外、あれこれと不要なルールにこだわるのは、かえってリモート・ヴューイングをやりずらくするとのことです。

最も大切なのは型にはまらない自由な心

ダブル・ブラインド以外のルールは不要とはいえ、ジョーのような達人ならともかく、私たちのような初学者は、最初にやり方を頭に叩き込んでおく必要があります。それについて、ジョーはどのように考えているのでしょうか。

最初は、教えられたメソッド（方法、方式）に従ってトレーニングし、その後は技量の進歩によって、自分なりのやり方をアレンジしてもいい。

しかし、どんなことでもそうだが、はじめはメソッドを守らなければならない。

なぜなら最初の頃は、どのイスに座るのかもわからず、教室を走りまわる手に負えない子どものようなものだからだ。

だから、きちんとイスに前を向いて座るように教えなければならない。

紙とペンを用意し、リモート・ヴューイングのプロトコルに従って、紙の左上から書きはじめるようにと、ほとんどのトレーナーは教える。

しかし、私は違う。私は紙の上の、どの場所から始めてもいいと言う。

真ん中でも、右上からでも自分が始めたいと思う、気持ちのよい場所からでいい。

各人の心は、違うように働き、違うように成長するものであって、押し付けられないものだからだ。

宇宙の創造主と呼ばれる存在からの贈り物である、各人の心には規制をかけられない。

力や強さは、注ぐ鍛錬の量に比例して変わってくる。

一〇〇名の生徒を教えていて、どの生徒がほかの生徒より、精神的に成長しているかは、簡単にわかるものではない。ゆっくり成長する生徒は、早く成長する生徒からは不利な立場におかれるだろうし、またその逆もある。だから、規制はないほうがいい。

むしろ心を開いて、偏見をもたずに鍛錬をするよう、励ますほうがいいだろう。

心を開くことは、リモート・ヴューイングの技術を鍛えることにつながる。

応用がきかないこと、あなたを縛るものは成長を妨げる

やはり、初歩的なレベルでは、基本を学ぶ必要がありそうです。なぜなら、基礎がわからなければ、応用もできるはずがありませんから。

しかし、ジョーが重視するのは、あくまでも個性や自由を重んじるやり方です。

あなたが鍛錬した心をよりどころにできないものは、止めるべきだろう。成長を阻害するもの、使いやすいように変更できないもの、教えられたやり方以外を許されないもの、応用がきかないものは止めるべきだ。

それらは心を鎖につなぎ、成長させない。心は鎖につながれるべきではない。手かせ、足かせから自由になった心は、あなたの技術と能力に進歩と成長をもたらすことができる。

能力が向上し、技術が磨かれるたびに、アプローチも修正されるべきだ。

日本の武道の先生は、入門したばかりの弟子には、彼らの方法を叩き込まなければならないことを理解している。誰でも最初は伝統の手順や型をしっかり学ばなくてはならない。

しかし、黒帯になり、師範になれば、あなたの味付けであなたの特別のテクニックを、取り入れることが許されるようになる。

あなた自身がエキスパートになり、あなたの個性や技術を取り込むべきだ。これは、玉に磨きをかけるようなものだ。これこそが成長であり、応用することでよくなっていく。

ルールを守ることは自分を信じること

ジョーは、やりやすさや快適さといったフィーリングを重視しています。

最もよいリモート・ヴューイングのテクニックは、リモート・ヴューワーが最高にやりやすく、快適に感じるものだと思う。快適で、いい感じがするかどうかは、実際にやってみれば自分でわかる。

あなたが何をするときでも、それが正しいと感じ、いい情報を生み出しているのであれば、それはいい方法と言える。そうでないと感じるときは、規則を乱しているときだろう。

リモート・ヴューイングで守らなければならない唯一の規則は、ターゲットに対してダブル・ブラインドであることだ。

その状態を保っていれば、リモート・ヴューイングは、あなたがサイキックであり、リモート・ヴューワーであるということを教えてくれる。

もし少しでもターゲットについてのヒントを与えられたり、少しでも内容を知っていたとしたら、あなたはあなたに情報をもたらしてくれる、心や思考を完全には信用できないだろう。あなたは自分がサイキックであることを、信じられないはずだ。

だから、もしあなたに少しでもヒントを与えるような、メソッドやテクニックであれば、すぐに止めるべきである。

ジョーによれば、リモート・ヴューイングを行う際の快適さと正しさは一体のものであり、そのための唯一絶対の規則がダブル・ブラインドということです。

自分の魂を信じることにこそ価値がある

ジョーは、リモート・ヴューイングのトレーニングを続ける価値は自分を信じる心を鍛えることにあると言います。

トレーニングは、すればするほど上達する。

ただし、自分なりのアレンジを加えても、リモート・ヴューイングの真髄を変えることを認めるわけにはいかない。

それは先にも述べたように、ターゲットに対して、ダブル・ブラインドであることだ。ターゲットを当てられない失敗を重ねると、人はヒントをほしがるようになり、自分の能力を信じられなくなる。

しかし、本当は失敗など存在しない。

仮にあなたが年寄りになるまで、ターゲットを当てられないとしても、その間あなたは自分の心と精神と魂を信頼することを学んでいる。それができれば、一〇〇〇キロ離れたところにあるターゲットを見るよりもすごいことだ。

私がジョーに尋ねたかったことは、リモート・ヴューイングでターゲットのヒット率を上げる上達法でした。しかし、ジョーから返ってきた答えは、予想外のものでした。ターゲットを当てることよりも、自己鍛錬や精神修養のほうがよほど価値あることだというのです。

ジョーの語るリモート・ヴューイングの上達法は、単なるテクニックの問題ではなく、生き方や人生哲学に関わる、深淵なものでした。

リモート・ヴューイングは人助けの道具

ジョーの能力をもってすれば、どんな情報でも得られるのではないでしょうか。これまでにどんなリモート・ヴューイングの依頼を受けてきたか、ジョーに尋ねてみました。

ロトやナンバーズなど、ギャンブルのためにリモート・ヴューイングを使おうと思ったことはない。自分自身のために使おうと考えたこともない。なぜなら自分のために、ターゲットを選ぶのは大変難しいからだ。エゴが割り込みやすいからね。

私にとっては、誰かのために、ターゲットを選ぶほうが簡単だ。

だから、いつもリモート・ヴューイングを、他人を手助けするため、喜びをほかの人々にもたらすための道具とみている。問題を解決したり、少なくとも彼らの生活がよりよくなるのを手助けする道具なのだ。

人を助けるために、小さなことから大きなものまで、考え得る、ありとあらゆる探し物をしてきた。行方不明の猫を捜すというような、ごくふつうの問題の手助けもしたことがある。これまでに多くの犬や猫も見つけたよ。

人間関係や、コミュニケーション問題を解消するための手伝いをしたこともある。訴訟や離婚問題のことで依頼を受けたこともあるし、土地を買うときの判断などを手伝いしたこともある。それから、殺人事件の犯人捜しや被害者の遺体捜し、山で遭難した人の捜索、誘拐された被害者の捜索もした。

問題の大小や、事件性の有無に関わらず、どんな依頼にも応えたいと思うが、たくさんのリクエストのすべてを手助けする十分な時間がないため、最近では、ほとんど人の生死に関わる問題にしか、関われないようになっている。

人を助けるためには警察の理解が必要

これまでに、人の生死に関わる犯罪捜査の依頼を受けた経験のあるジョーですが、実は、こうした依頼は、一筋縄ではいかないようです。

行方不明者や犯罪に関わる依頼の場合でも、警察か、しかるべき機関から要請されたとき、または彼らが動いてくれるとわかっているときに限って依頼を受けることにしている。

行方不明者の家族が私に依頼してきたら、まず警察にコンタクトして、警察から私に依頼するように伝える。そうでないと、私から得た有益な情報を、家族が警察に話しても、警察は相手にしないからだ。

ほとんどの場合、警察は、解決につながる重要な情報でも、気にもとめないでゴミ箱に投げ捨ててしまう。実は、警察には多くの超能力者からの情報が寄せられているが、どれを扱っていいのかわからないので、捨ててしまうのだ。

彼らにとっては、私もそういった多くの超能力者の一人にすぎない。家族のたっての訴えでも情報を取りあげないのだ。

だから、情報を役立たせるためには、警察から依頼を受ける必要がある。

リモート・ヴューイングの先進国であるアメリカでも、まだまだ警察の理解が得られていないのです。

第1章でも紹介した通り、ジョーやほかのリモート・ヴューワーたちは、米同時多発テロのことを一九八九年に予言していましたが、その情報は活かされなかったということです。

軍がリモート・ヴューワーたちの言うことに耳を傾けていれば、何千人もの死者を出した、テロが阻止されたばかりでなく、アメリカの、アフガニスタンやイラクへの武力行使が行われることもなく、何十万人もの人が命を落とすこともなかったはずです。

リモート・ヴューイングのセミナーや、ジョーのテレビ出演などで、その有効性は、徐々に知られてきているとはいえ、まだまだ警察や軍で活かされるレベルには至っていないようです。リモート・ヴューイングの社会的認知を推し進める努力が必要と言えるでしょう。

反社会的な行為にリモート・ヴューイングを使ってはならない

毎日、ありとあらゆる依頼を受けているジョーですが、ジョーが依頼を断るときはあるのでしょうか。またそれは、どんなときなのでしょうか。

たとえば、いなくなった息子や娘を捜してほしいと電話をかけてくる人がいる。

私は最初に「あなたの息子さん、または娘さんは何歳ですか?」と尋ねる。

もし、彼らの息子や娘が一八歳を超えていたら「残念ながらお手伝いはできません」と答えることにしている。

なぜなら、その年齢の息子や娘は、法律上で家を出ていく権利が保障されているからだ。

もちろん、息子や娘が精神機能不全であるとか、心の病で苦しんでいる場合は別だが。

しかし、もし夫が妻を捜しているときは、私は手助けしない。

妻は夫から暴力的虐待を受けていたから家を出たのかも知れない。彼女は成人で、出ていく権利がある。

道徳と倫理が絡むと問題が難しくなる。

それから、人はウソをついたり、正直でなかったりすることがある。だから、最初のリモート・ヴューイングで、その人がウソをついているかどうかを判断する。

この行為はプライバシーの侵害だろうか。実はそうだ。しかし、捜索された人が不幸になるのを避けるために、プライバシーの侵害が、ときに必要な場合がある。

それから、リモート・ヴューイングを使って、ほかの会社を探るようにもちかけられたこともある。実は、リモート・ヴューイングを使って、互いに企業秘密をスパイし合っている会社があり、莫大な金額を使った倫理的でないような計画もたくさんある。

しかし、ほかの会社をスパイすることも、スパイされたからスパイし返すといった行為も、ともに倫理にかなっていない。

企業から莫大な金額を提示されても、倫理に反することは断る。リモート・ヴューイングで何かをできるからといって、自分がしなければならないわけではない。


依頼を受けるときに、ジョーが真っ先に考えることは、リモート・ヴューイングを行うことが倫理的に正しいかどうかを判断することです。また、捜索された人が不幸になることを避けることを優先します。リモート・ヴューイングとは、誰かを助けるために使うものであるというジョーの意識は徹底しています。

個人のプライバシーを尊重しなければならない

リモート・ヴューワーは、誰にも気づかれずに、誰かの個人的な秘密を知ることも可能です。ときには、意図せずして、個人のプライバシーに関わる情報を知覚してしまうこともあるでしょう。その意味では、リモート・ヴューワーは、常に倫理上の問題と直面しています。ジョーは、このような問題にどのように対処しているのでしょうか。

たとえば、ERVで、ある部屋に入っていくと、自動的に人々についての情報を知覚しはじめる。しかし、これは倫理に反することなので、私は知覚した個人に関する情報を忘れるように、自分の意識をコントロールしている。

なぜなら、その情報を覚えておくことは、道徳的にも倫理的にも、また法律的にも正しくないことだからだ。誰かのプライバシーを侵害することは、反倫理的な行為だ。

家庭や職場、どんな状況でもプライバシーの侵害は倫理に反する。

誰かの家の間取りやデータ、寝室、家で何をしているか、交友関係、夕食は何を食べたかなど、個人のプライバシーの侵害はすべて倫理に反する。

それから誰かが明日死ぬことがわかったとしても、それを言うことは倫理に反するので関与すべきではない。
企業や会社から、彼らの企業機密を盗むのもそうだ。特許を取得する前にアイデアや発明を盗むことも、未来に行って発明家が発明した科学製法を、テストする前に横取りすることも、明らかに反社会的な行為である。

リモート・ヴューイングには、軽視できない倫理的問題がありますが、私がインタビューするまで、ジョーはそのようなことを聞かれたことが一度もなかったそうです。また、ないことに驚いていました。

リモート・ヴューイングを悪用しようとすれば、倫理に反することがいくらでもあるのに、いままで誰もこういうことを話題にしませんでした。しかし、これは、リモート・ヴューイングに関わるすべての人が熟慮すべき問題です。また、リモート・ヴューイングを知り、実践する人が増えるほど、ますます重要な問題になってくると思われます。

一流になるには、純粋な心をもっていなければならない

リモート・ヴューワーに求められる倫理観について、ジョーの見解をもう少し突っ込んで聞いてみました。

リモート・ヴューイングをするうえでは、倫理も道徳も手放せないものだ。もし、倫理も道徳も手放していれば、私はものすごいお金持ちになっていたかも知れない。でも、実際は違う。お金の代わりに、私は美しい魂のエッセンスをもっている。

なぜ、私がお金よりも魂の美しさを求めるかというと、リモート・ヴューイングの技術は、生き方の清らかさとともに成長していくものだからだ。

あなたの能力は、あなたの生き方に比例してよくなり、あなたの生き方は、あなたの道徳性に比例して、純粋になっていくだろう。

もし本当にリモート・ヴューイングが上手になりたければ、こういうことも含めて学ばなければならない。技術だけ、部分だけではだめなのだ。

なぜ多くの人が優秀なリモート・ヴューワーになれないかというと、この部分の理解が欠けているからだと思う。なれない人は自分の都合のよい、心地よい部分だけの倫理を取り入れる。自分の魂にかけて、倫理・道徳を守ることを誓ったり、決意したりしないのだ。

リモート・ヴューワーのなかには、お金のためになんでもする者もいるが、彼らはお金持ちになりたいために、困難な部分の責任を取ることを好まない。

しかし、それを避けている限り、彼らは熟練したリモート・ヴューワーにはなれない。心の純粋さと、畏敬の念の欠如が理由で、真の答えが見つからないのだ。

これは格闘技（武術）のようなものだ。純粋な心をもっていなければ、純粋な武人にはなれない。これは、リモート・ヴューイングを学ぶ者が理解すべきことだ。

ジョーは、リモート・ヴューイングの能力の向上と倫理観は不可分のものであり、倫理・道徳を大切にしない者は、一定レベル以上に上達しないと言っています。またジョーは、善良さや優しさ、寛大な心や人生哲学をもたない人、向上心のない人や責任感のない人はリモート・ヴューイングに適さないとも言っています。

ジョーは、リモート・ヴューイングを、生き方そのものの問題であると言っていますが、その根底には、こういった考え方があるのです。

真の成功はエゴを捨てることにある

第1章でもお話しした通り、リモート・ヴューイングとマスメディアとの関係には、過去に不幸な歴史がありました。

超能力を扱った番組にはよくあることのようですが、衝撃的な映像が撮れて視聴率が稼げればいいとしか考えない番組制作者たちもけっして少なくありません。あるいは反対に、リモート・ヴューイングをいかさまだと思いこんでいて、少しでも疑わしいところがあればトリックを暴いてやろうと考えている人もいるそうです。

そういった心ない番組制作者たちにリモート・ヴューイングを理解してもらうには、見事なリモート・ヴューイングの成果を見てもらうのが一番でしょう。

しかしジョーは、全米ネットの番組でリモート・ヴューイングによる公開捜査を依頼されるときは、ただ成功すればいいとは限らないといいます。

テレビ番組で、再会を希望する家族のために、行方不明になった人を探しだすように依頼されることがあるが、その人を見つけることが成功とは限らない。

それよりも大事なことは、その人が「探しだされるべきか否か」がわかることだ。

実は、行方不明者を家族に再会させることは、正しくないかも知れない。

ひどい虐待から逃れるための家出だったら、行方不明者にとって、再会そのものがいい結果をもたらさない。再会すべきでないことがわかると、たとえその人物が現在どこにいるか見えていても、リモート・ヴューイングに失敗したことにしなければならない。

私は番組のなかで失敗を認め、うまくいかなかったように振舞う。いつ失敗すべきかがわかることが本当の成功だ。

これがリモート・ヴューイングに必要な深い洞察力である。これは智慧であり、智慧は成功よりももっと重要なことだと私は考えている。

これを学び、理解するのに何年もかかった。

リモート・ヴューイングを学びはじめたばかりの頃は、とにかく成功することに熱中する。失敗すると気分も悪いし、失敗を受け入れることも同じくらいひどい気分になる。

誰だって失敗したいとは思わないだろう。とくに、何千万人もの視聴者が見ているテレビ番組で、失敗者になるには相当の勇気がいることだ。誰にでも、自分がどれだけ有能で素晴らしいかをみんなに知ってほしいという思いがある。

しかし、これは「エゴ」ではないだろうか。

あえて失敗するときには、エゴを手放さなければならない。

いまでは、必要なときに失敗することが正しい行いだとわかるようになった。自分のエゴを優先させるよりも、思いやりと優しさをもった人間であることのほうがずっと重要なことなのだ。

ジョーのパソコンにはターゲットになる写真が数千枚入っており、それを使ってトレーニングしているそうです。数千枚のなかからコンピュータがランダムに選び出したものを、リモート・ヴューイングするのです。

こういったトレーニングを、少なくとも毎日二〇以上はしている、と聞いています。

毎日大変な努力をしていても、必要ならばテレビ番組でわざと失敗することもあるというのです。ジョーは、行方不明者を助けるためなら、何千万人という人が自分のことをどう思おうが、まったく気にしていません。人の自分に対する評価には目もくれず、貫くべきは自分の信念だけ。テレビの画面には映らないジョーの人生哲学をかいま見た気がします。

リモート・ヴューイングがもたらす最高の贈り物とは？

以前私は、リモート・ヴューイングができるようになったら「どんないいことがあるのか？」「人生がよい方向に転換するのか？」と自問したことがありました。

「リモート・ヴューイングはヴューワーを幸せにするのか？」という質問に対して、ジョーは次のように答えてくれました。

　リモート・ヴューイングで誘拐された人を捜し、死んでいることを発見したときは幸福ではない。まったく幸せでいられない。絶対に。

　一方、行方不明になった人が、生存しているのが見えたときは、幸せだ。

　しかし、失敗が必要なときもある。事情があって本人の意思で家出をしている場合、その人が無事に生存していて、しかも発見されないほうがいいとわかったときには、故意に失敗する。

依頼者には、わかっていてもわからないと答える。そうすることが正しい行いだからだ。そしてそれは「あなただけが知っている」という秘密の喜びをもたらしてくれる。これは道徳性の奇妙なところだ。

私たちはみな道徳に責任を負っている。これは、手放すことのできない唯一のものだ。これは、他人に譲り渡すことはできないし、誰もあなたの代わりに責任を取ることはできない。王や女王、アメリカの大統領に願いでることもかなわない。

私たちは、自分自身の道徳心について、責任をもたなければならない。そうすることで、私たちは素晴らしいものを手にすることができる。自らの道徳心を誠実に取り扱うなら、それは魂のエッセンスになる。

完全に汚れのない、濁りのない意識状態で、毎晩やすらかに横になり眼を閉じることができる。そしていつか、完全に汚れのない、本来の姿で死後の世界に旅立つことができるのだ。

汚れのない魂のエッセンス――これが、唯一死後の世界にもっていけるものだ。

しかし、もしそれを無視したり、誰かの責任にしたり、実行しなかったとしたら、あとで修復することはできない。修復できずにダメージを負ったままになるだろう。

あなたがリモート・ヴューワーで、基本的な宇宙の法則の実体を知っていて、自分の行動に責任を取るなら、あなたは幸せになる。

それは、かけがえのない、あなた自身への贈り物になるだろう。

ジョーの「ここだけの話」

⑩処刑されたのは影武者フセイン

昨年テレビでサダムの発見と、身柄拘束の場面がＴＶなどでくり返し放映された。また先ごろ処刑シーンがネットなどで公開され、センセーショナルな報道がなされた。

しかし今回処刑されたサダムは影武者だ。アメリカの空爆が行われたときに、サダムの生死をリモート・ヴューイングした。本物のサダムはアメリカ軍の１回目の空爆によるアタックで即死していた。

⑪めぐみさんは生きている！

彼女は間違いなく生存している。彼女だけでなく、他の拉致被害者の生存もリモート・ヴューイングで確認している。拉致被害者の数は、日本のみんなが知っているよりも、はるかに多いことを知るべきだ。

この件については、北朝鮮が関係しているので、慎重な態度で臨みたい。パブリックな場では、知っていることを話せないが、拉致問題については、政府レベルで話し合いが行われるべきだ。

⑫動物たちの驚くべきインスピレーションから学ぼう

人間と動物のインスピレーション（直観、霊感）には、類似点と相違点の両方がある。

猫ぐらいの大きさの動物が、子育てをするときなどに現れる、感情のインスピレーションは人間と共通点がある。注意深く子猫を養育し、どのように愛情を示すかを、あなたも見ることができる。

また動物はある状況のもとで、具体的な怒りの感情の示し方をするが、それはただむやみにではなく、社会性に基づいている。

一方、動物はなぜそうするのか、人間が考えもつかない行動をとることがある。

例をあげると、最近あったアジアの巨大津波のときに、津波が襲った島々からあらゆる動物がいなくなったことだ。海岸沿いでは、津波が浜辺を襲う 45 分前には、浜辺から動物が消えてしまった、との報告がある。

人間が知る由もなく犠牲になる一方で、明らかに動物は津波がくることを知っていた。我々も彼らのインスピレーションを、何らかの方法で学び、利用すべきだ。

ジョーから日本の読者へのメッセージ

ミッツィは、私にとても興味深くいい質問をしてくれた。

とくにリモート・ヴューイングの哲学的側面の問題は、とても大事なことだ。ミッツィに返答していて気がついたのだが、リモート・ヴューイング全般、それからリモート・ヴューワー自身のモラルや倫理観に関して、私はこれまでに、誰からも同様の質問をされたことがない。こういう質問をしてくれたのは、ミッツィが初めてで、これは本当に驚くべきことだね。ところでこの本は、いつごろ出版されるの？　サイン入りの君の本が届くのを楽しみにしているよ。グッド・ラック！　成功を祈っている。

ミッツィ、日本人でいてくれて、ありがとう！

君の本の読者と、そして日本のみなさんによろしく。

二〇〇六年四月三日　ヴァージニア州フェイバーにて

ジョー・マクモニーグル

あとがき ●――肉体を超える体験を通じて知る「無条件の愛」

　ジョーが日本のテレビ番組『FBI超能力捜査官』に出演したことは、日本人にリモート・ヴューイングを紹介する、いいきっかけになりました。ジョーのお陰で、リモート・ヴューイングに興味をもつ日本人が増えてきました。

　しかし、私のみるところでは、リモート・ヴューイングが何なのかを、きちんと理解している人は、まだほんの一握りのようです。

　ロト、ナンバーズなどの宝くじが当てられるとか、恋人やパートナーを見つける手段のように考えている人もいます。またリモート・ヴューイングを、株式の投資目的などの、現世利益を得るための技術として活用しようとする人も多いと思います。それは間違いではありませんが、それらはリモート・ヴューイングのほんの一面の紹介にすぎず、本質をとらえているとは言えません。

　私はこのようなリモート・ヴューイングの安易な紹介の仕方には疑問をもっています。以前から、もっとまじめで、もっと奥が深いものだということを知ってもらいたいと思っていました。

　ジョーも言っていることですが、ターゲットをヒットさせることは、リモート・ヴューイングの世界のほんの一部であり、入り口にすぎません。

では、リモート・ヴューイングを切り口、入り口として、何ができるのでしょうか——。

私は、リモート・ヴューイングを、超能力開発の一つの方法であり、自己鍛錬の道である、と考えています。

いいリモート・ヴューワーになるには、かなりの数のターゲットをトレーニングしなければなりません。結果、毎日のトレーニングで五感を超えた知覚（ＥＳＰ）が、常に研ぎ澄まされた状態になります。こうなると、あるとき隣に座った人の、全人生の情報がドン！と意識の中に飛びこんできて「わかる」という状態になります。相手の精神状態、身体の状態などがわかるのです。

直感やひらめきなどのＥＳＰが、日常的に使いこなせるようになりますから、自己実現への道筋が容易になります。こうして得られた能力を、自分だけでなく愛する家族や友人、社会、人類のために使えたらどんなにいいでしょうか。

リモート・ヴューイングは、超能力への扉を開く素晴らしい技術ですが、やってみると自己鍛錬の道であることに気づきます。

トレーニング用の課題を使って自習をしていると、しばしば「このセッションはうまくターゲットをヒットできるだろうか」「これでいいだろうか、ヒットしていなかったらイヤだな、外れていたらどうしよう……」など失敗を怖れる気持ちがでてきます。

やり終え、封筒を開けて中の写真を見て、ターゲットをヒットしていなかったら「あー、今日は体調が悪かったから」「昨夜よく寝ていないから」「外の車の音がうるさかったから」「ペンが違ったから」などいろいろな理由をつけて言い訳を始めます。

そんなとき「私って、本当に自己正当化したいんだな、失敗を怖れる気持ちがあるんだな」と思います。

そこで、なぜ自分がそうするのかを考え、自己の内面を深く観ていきます。すると私たちは日頃から、ありとあらゆる不必要な恐怖心につき動かされて行動していることに気がつきます。自分をがんじがらめに縛りつけて、行動の自由に制限をかけているのは、他でもない自分の恐怖心なのです。

では、それらが芽生えたのは、いつでしょうか――。

それを探っていくと、子どもの頃に行き着くかも知れませんし、さらに過去世まで遡るかも知れません。いろいろな場面で傷ついて、そのたびに新たな恐怖心を覚え、そこから自分をかばってきたことがわかります。自分が真の意味で自由になれるかどうかは、この克服が鍵を握っています。

失敗への恐怖心の原因を深く探っていくと、その原因には何かいつも大いなる意図が働いていて、私たちにチャンスをくれていることに気づきます。「ピンチはチャンス」であり、困難な出来事はあとになってみれば、自分を大きく成長させてくれる、学びであったことがわかります。

リモート・ヴューイングは、恐怖心という制限から自己を解き放ち、自分を成長させる手段として使うことができます。その上達のためには、あらゆることに対して心と精神を開いた状態（オープン・ハート、オープン・マインド）にする必要があります。

克服するために、私たちは愛を必要としています。自分の成長を促し守護してくれている、愛の存在は、人生のあらゆるシーンで私たちを見守ってくれています。

ところが、恐怖と愛は一つの心に同時に存在することはできません。しかし、私たちがそれを乗り越え、愛を受け入れたいと心から望めば、恐怖は消え、愛が心に流れ込みます。

愛を受け入れるのに必要なことは、自分を信じ、閉じた心を開くことです。「オープン・ハート」「オープン・マインド」です。つまり、恐怖の克服と愛の受け容れとは、私たちの心の準備が整ったときに同時に起こるのです。

そのために必要なことは「無条件の愛（Unconditional Love）」を信じることです。

モンロー研究所でプログラムを受け、意識の探索をしたときに、宇宙の中心、セントラル・サン（宇宙の太陽）に行き着いたことがありました。そこで「私は生かされ、愛され、受け入れられている！」という包みこまれるような、圧倒的な体験をしました。そこには、一切の条件がありませんでした。いたらない、未熟な存在である自分を、ありのまま丸ごと無条件に愛してくれるエネルギーがあったのです。これこそが、無条件の愛です。

それ以来「宇宙の中心は愛ですよ」と機会があればみなさんに話しています。このことを知れば、人間しょせん独りぼっちだという思いも吹っ飛びます。愛だけが人を変えるエネルギーとなり得るのです。

ハートとマインドをオープンにするには、ただ、この無条件の愛を受け入れるだけでいいのです。それによって、私たちは、より豊かな人生を送ることができます。

ですから私にとって、リモート・ヴューイングを学ぶことは「私たちは肉体をはるかに超える存在であること」、それから「自分はいったい誰なのか」を探求し「自分は愛し、愛される存在である」ことを知ることにほかなりません。これが私の考える、リモート・ヴューイングの究極のゴールです。

本書を読まれた方が、リモート・ヴューイングに、よりいっそうの興味をもたれ、これを入り口として可能性を押し広げ、さらなる自己探求の道を歩まれますことを、心より願っています。

最後になりましたが、この本の出版を心待ちにし、実現してくださったハート出版の日高裕明社長と藤川進編集長、木本真澄さん、ナンシー・ジィーン、それから痛みをこらえて取材に協力してくださった、私の心の友、ジョーに感謝の気持ちをささげます。

ありがとうございました。

二〇〇七年三月三日　ひなまつりの日、高輪にて

植田睦子

著者紹介／**植田睦子**（うえだ　むつこ）

京都市生まれ。航空工学博士。京都の大学を卒業後渡米。米国フロリダ州マイアミ・デード大学並びにフロリダ州シェフィールド航空学院卒。ＦＡＡ（アメリカ合衆国連邦航空局）の運航管理者免許 (Aircraft Dispatcher)、地上教官免許 (Ground Instructor)、自家用飛行機パイロット免許 (Private Pilot) 取得。米国航空業界、最難関の国家試験である運航管理者免許の日本人女性、最初の合格者。コンチネンタル航空にてオペレーション業務に携わる。

現在は各種セミナー開催、著述業、通訳、翻訳を行う。

共著に『ヘミシンク入門』（ハート出版）、翻訳・ナレーション・解説を務めたＤＶＤ作品『チャクラ、この神秘なる輝き』（株式会社ＵＩＣ制作販売）がある。

･株式会社 UIC（ユートピアン･インターナショナル･コミュニケーションズ）代表取締役

・株式会社アクアヴィジョン・アカデミー代表取締役

・モンロー研究所・正式公認アウトリーチ・トレーナー

・インターナショナル・ハグ協会会長

＊＊英語圏では「むつこ」という発音が馴染まないので、皆から「ミッツィ」と呼ばれている＊＊

マクモニーグルが語るリモート・ヴューイングの世界

平成19年５月30日　第１刷発行
平成19年６月15日　第２刷発行

著者　　植田睦子
発行者　日高裕明

発行　ハート出版

〒171-0014　東京都豊島区池袋３－９－23
TEL03-3590-6077　FAX03-3590-6078
ハート出版ホームページ　http://www.810.co.jp

乱丁、落丁はお取り替えします。その他お気づきの点がございましたらお知らせ下さい。

ISBN978-4-89295-566-2　　編集担当／藤川　印刷／大日本印刷

章扉背景写真：NASA